柔らかな心

つらいときほど、笑顔で

京都 鈴虫寺（華厳寺）住職
桂紹寿

ビジネス社

四季折々の鈴虫寺

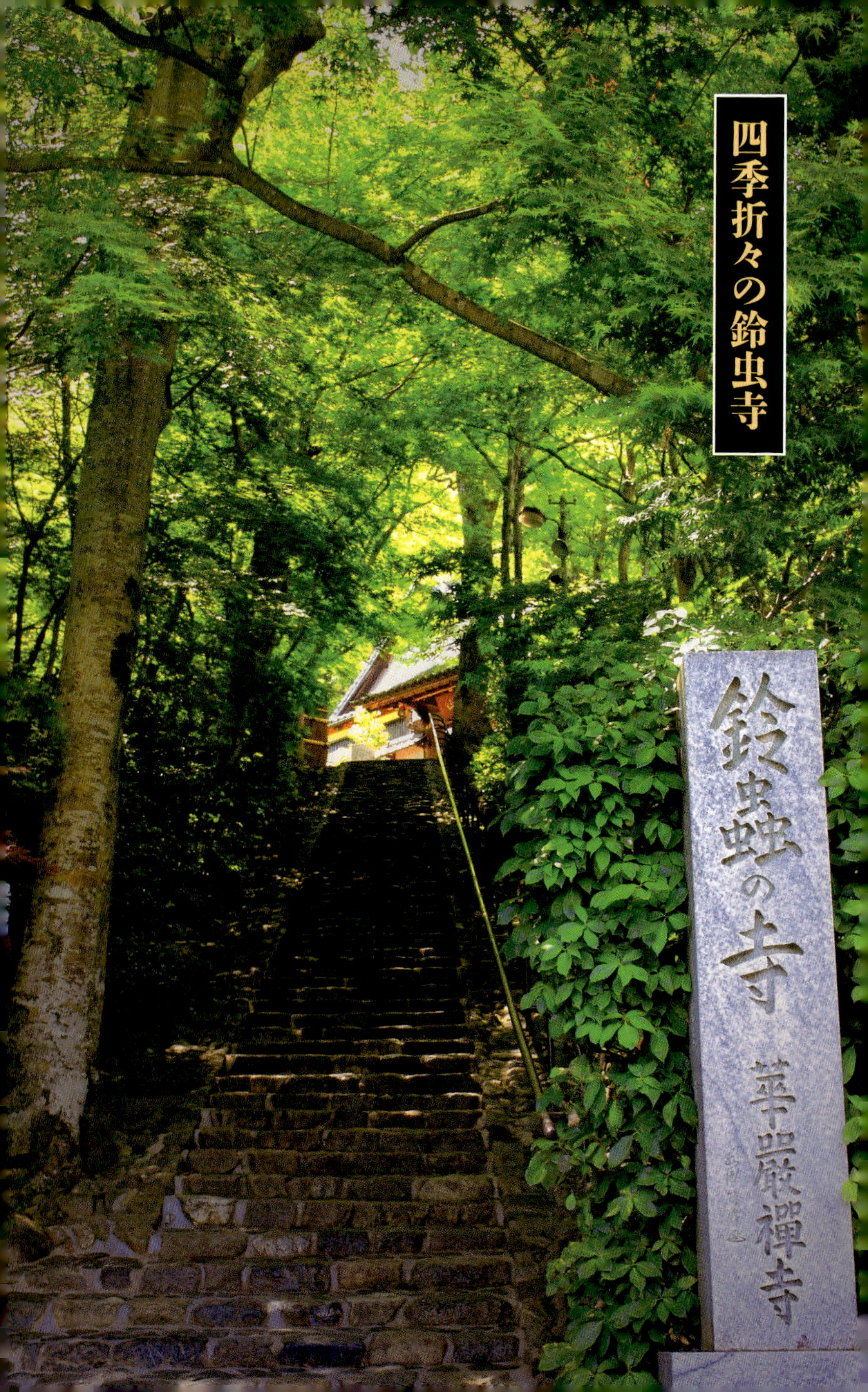

〝鈴虫寺〟の愛称で親しまれる
京都の古刹、華厳寺。

自然豊かな洛西の丘に
静かにたたずむ堂宇。

四季折々の
表情を見せるお庭が
訪れる者の心を
やさしく包み込む。

はじめに

皆様は「お寺」にどのようなイメージをおもちでしょうか。年齢や地域によっても異なると思いますが、ご先祖様の供養や年忌法要を行うところでしょうか。それともお墓参りに行くところでしょうか。

中には、立派な伽藍や建物、庭園、襖絵などを鑑賞する、観光地の一つというイメージをおもちの方がおられるかもしれませんね。皆様それぞれ、いろいろなイメージをおもちだと思います。

しかし、お寺は本来、修行の場であり、皆様に仏の教えを説く場であったはずです。その本来の姿を残したいと、華厳寺では八代目の住職が七〇年ほど前から一般のご参拝の皆様を対象に説法を始められました。当時はまさに説法という感じでお話をなさっていたそうです。

時代も変わり、九代目が住職に就任したころは、宗教離れ・お寺離れが盛んに言われ始めました。ご難しい説法をしていては誰も聞いてはくれません。いくら素晴らしい仏法を説いても、聞いてくださる方がいなければ意味がない。皆さんが気楽にお寺に来られるように、敷居を低くして、誰でもがお参りできるように門戸を広く開いたお寺にしたいということで、時代に即した説法をするようになりました。このころから「説法」とは言わずに「お話」と言うようになりました。

私は四年ほど前に一〇代目の住職に就任いたしましたが、先代、先々代の遺志を継ぎ、ご参拝者に日々お話をさせていただいています。今回、この本を出版させていただくにあたり、今までご参拝者にお話ししてきたことや、講演会などでお話しさせていただいてきた内容をまとめました。

お寺にいますと、多くのお方からご相談を受けます。ありがたいことに、ご年配の方だけではなく、幼いお子さん連れのご家族やお若い方にもたくさんご参拝いただけるお寺になりました。そのためか、ご相談の内容はさまざまです。

病気・復縁・離婚・不妊・家族や家庭・会社や地域の方との人間関係・将来の不安など、いろいろなご相談を受けます。しかし、それらはすべて「四苦八苦」に集約されることです。

お釈迦様は、なぜ人は苦しみながら生きていかなければならないのかという疑問をおもちになって出家され、苦行の末に悟りを開かれて仏教を説かれました。

それから二千数百年の間に、高僧・名僧の方々が仏教を体系的に整理され、膨大な経典が残されています。しかし、パーリ語やサンスクリット語、チベット語、漢訳などの仏典を一般の皆様が読むのはなかなか困難であり、内容も非常に難解です。

この難解な教えをできるだけ簡単にわかりやすく皆様にお伝えするにはどうしたらよいのかといつも考えています。これは私が先代の住職の遺志を継いでいるというのもありますが、小学生のころにある方からこんなことを言われたのがきっかけです。

「簡単なことを簡単に言うのは簡単だよ。簡単なことを難しく言うのも簡単だ。難しいことを難しく言うのも簡単。でも、難しいことを簡単に言うのが難しいんだ」

その言葉はいまだに私の心の中に残っています。仏教の教えや禅宗でよく使われる禅語はとても難解です。それをなるべくわかりやすく皆様にお伝えしたいと心がけています。

本来、宗教というものは、今生きている人間が厄介で苦しくて、不条理で道理の通らない世の中を、なるべく心穏やかに、また充実した生活を送るための方法を教えてくれるものだと思います。この本がその一つのヒントになればと願っております。

著者

柔らかい心　つらいときほど、笑顔で　もくじ

第一章　からだで感じる禅の心

第二章

心穏やかに暮らす禅のヒント

第三章

成功に役立つ禅の教え

第四章

強く生きる禅の支え

第五章

〝人生百年時代〟を生きる禅の知恵

本書の収益の一部は、鈴虫寺こども基金を通じて、
各種慈善団体様に寄付させていただきます。

第一章

からだで感じる禅の心

そのときに、やるべきことをする

今から九〇年ほど前のお話です。八代目の住職が天龍寺専門道場での長い修行生活に一つの区切りをつけられて、華厳寺に入られたのが大正から昭和に変わるころのことでした。まだ七代目の住職がお元気で、その下で修行を続けておられたのですが、間もなくして七代目住職が遷化《せんげ》（亡くなること）し、八代目が継がれるころには太平洋戦争が始まってしまいました。

その戦争も終わり、世間が殺伐としていたある秋の日の夜のこと、八代目の住職が夜坐といって夜に坐禅をなさっていました。

秋の夜のことですから虫の音も美しく響いていたことでしょう。そのとき、鈴虫の音を聞いて八代目の住職が悟りを開かれたと言われています。

第一章

からだで感じる禅の心

自らの悟りのきっかけとなった鈴虫の音を、皆さんにも聞いてもらいたい。しかも、戦後間もないころでしたから、人々の心がすさんでおる。秋にしか聞けない鈴虫の音を一年中聞いてもらって、少しでも心を癒してほしいという思いで、研究を始められました。

何度も何度も失敗を繰り返し、二八年かかってようやく、一年中、皆さんに鈴虫の音を聞いてもらえるようになり、鈴虫寺と呼ばれるようになりました。

「為せば成る　為さねばならぬ何事も　成らぬは人の為さぬなりけり」という、米沢藩主・上杉鷹山の歌をよくおっしゃっていたのを覚えています。

鈴虫の音を聞いて八代目の住職がどのような悟りを開かれたのかは、ご本人にしかわからないことなので、私たちは推測するしかありません。

普通、鈴虫は六月に孵化が始まり、八月末くらいまで脱皮を繰り返し、「成虫になります。その鈴虫も十月の半ばくらいになると、寿命がつきて死んでしまいます。リーンリーンと鳴いているのは一か月半くらい。寿命の短い虫です。

じゃ、いったい鈴虫はなんのために鳴くのでしょう。鈴虫はオスしか鳴きません。メスは鳴きません。昆虫学者は鈴虫のリーンリーンという鳴き音はメスを呼ぶための求愛行動だと説明します。

もちろん、これは正しいと思います。でも、鈴虫は本当にそんなことを意識して鳴いているのかというと、どうでしょう？　鳴く時期がきたから鳴いているのにすぎないのではないでしょうか。

無心であること

良寛さんの句に、「花は無心にして蝶を招き、蝶は無心にして花を訪ぬ」というのがあります。

春になるといろいろな花が咲きます。でも、どの花も、人を楽しませてあげようなどという思惑があって、花を咲かせているわけではありません。蝶を招き入れようという意志をもって花を咲かせているわけではないでしょう。

寒い冬を越えて暖かくなり、雨もそれなりに降って土には水分もある。そういったさまざまな条件が整ったときに、花を咲かせているだけなのではないでしょうか。そこにはなんの思惑もありません。

蝶々も、花の受粉を手伝ってあげようなどと考えて、花に飛んできているわけではないでしょう。そこに自分の餌となる蜜があるから、たまたまやってきているにすぎないのです。花にしても蝶々にしても、なんの思惑もなく、ただただ自然の摂理に従っているだけです。

鈴虫にしてもそうです。メスを呼びたいがために鳴いているのかと言えば、人間が解釈すればそうなりますが、虫にはそんな思惑はないはずです。そのときがきたから、鳴いているだけなのです。そのときにやらないといけないことを、ただ懸命にやる。

八代目の住職、台巌《たいがん》和尚さんは、そのことを夜坐で悟られたのではないか。そのように私たちは考えています。

一つひとつを丁寧に重ねる

講演会などに行くと、「お坊さんってどんな修行をするんですか？」と興味津々に尋ねられることがあります。だいたいの方は、滝に打たれたり、冷たい水の中に入ったり、大変な距離を歩いたり、大自然の岩の頂で坐禅をしたり、燃えさかる火の側で陀羅尼《だらに》を唱えたり……とイメージをかなり膨らませてすごい答えを期待されますが、禅宗では残念ながら、皆さんが想像力豊かに考えられているような修行はしません。

禅宗は専門道場（僧堂）と言うところで修行を行います。高い塀に囲まれ、一般の皆さまとは庶断されたところです。なぜか、夏は暑く、冬は寒いところを選んで建てられているような気がします。

もちろんエアコンも扇風機も、ストーブもありません。テレビもラジオも新聞もありません。当然、スマホも携帯電話も持ってはいけないことになっています。世間の情報が完全にシャットアウトされた場所です。

ただ、修行と言っても、何も超人的なすごいことをやるのが修行なのではありません。朝早く起きて、お勤めをして、境内を掃除して、ときには托鉢に行ったり、ときには畑仕事をしたり、ときには草むしりをしたり。これが日常的な過ごし方です。そこに公案《こうあん》という老師様との禅問答があり、坐禅をして自己の探求、己事究明《こじきゅうめい》を行います。

生活のすべてが修行

禅宗の教えに「行住坐臥《ぎょうじゅうざが》」というのがあります。「行」とは歩いたりすること、「住」は住まうこと、そして「坐」は座る、「臥」は寝ることです。つまり、一日の行いですが、これを禅宗では非常に大切にしています。

要は、日常の何気ない生活の中の行いがすべて修行なのです。日常の生活を通して、当たり前のことを当たり前にこなし、日常の立ち居振る舞いを一つひとつ丁寧にしていく、これが一番大事なことなのです。

人と出会ったときにはきちんと挨拶したり、毎日いただく食事に感謝をしたり、使ったものを綺麗に掃除して片付けたり、脱いだ靴をそろえたり、一つひとつはたいしたことではありませんが、その何気ない、たいしたことのないことで、私たちの生活は成り立っています。

それを繰り返し行うことが日常の生活であり、その積み重ねが人生なのです。

だからこそ、日常のちょっとしたことを一つひとつ丁寧に積み重ねることが大切になってくるのです。

人生は苦しみの連続――四苦八苦

お釈迦様は、人生は苦しみだと説かれました。

いわゆる「四苦八苦」です。

じゃ、その原因は、何でしょうか?

その原因は、「自分の思い通りにならないこと」。これがすべての苦しみの根源なんです。そう聞いたとき、あまりにも単純すぎる答えに、呆然としました。それまでのものの考え方が、音を立てて崩れていきました。

おそらくそれ以前にも、同じような話は何度も耳にしていたはずです。でも、その教えを受け入れる準備が、私の中で整っていなかったんだと思います。

そのころ、さまざまな困難に直面していました。今まで体験したこともないほど、どうしようもなく不条理なことばかりで、いったいなぜ？　という疑問が頭を占めていました。こうした経験の後、「苦しみの根源は、自分の思い通りにならないこと」だという、あまりにも単純な答えに巡り合ったのです。

昔の私は、不条理なことが1ミリも許せませんでした。物事は「1＋1＝2」だと信じていたんです。勉強せずにサボれば、当然、成績は上がりません。努力をせず、怠惰に時間を過ごせば、もちろん何も生まれません。

努力を惜しんでいながら「結果が出ない」と嘆いている人がいると、愚かだなぁと思っていました。

理屈ではなく感じること

けれど、ある時期から「理屈」ではなく、実際に起こっている「現象」で物事をとらえ、推察するようになりました。

当たり前のことは、決して当たり前ではない。自分が生きている世界は、不条理で、無茶苦茶で、想像をはるかに超えた世界なのだと気づいたのです。

理屈では理解できない世界です。だから、先人の和尚様方は、頭で考えることを極端に禁止なさったのでしょう。

考えるのではなく、感じ取ること。それは、個々の人生を、それぞれが自分のからだを動かして、懸命に生きることでしか到達できない世界です。

私たちが生きているのは、不条理で、理屈の通らない世界かもしれません。しかし、ぐちゃぐちゃと頭で理屈を並べ立てることをやめ、現実をそのまま受け入れたとき、心は必ず穏やかになるでしょう。

理屈ではなく、感じとること。これを心がけていただければよいのだと思います。

今、ここ――大雪の日の出来事

ある年の冬の出来事です。一月一日と三日に京都市内では珍しく大雪が降りました。十二月の三一日には毎年除夜の鐘を打ちます。その年も例年通り、夜の一一時半ころから除夜の鐘を打ち始めて、一時前に打ち終わりました。新年を迎え、お正月のお参りをご本尊様にすませたのが二時半ころになり、いつもよりもずいぶん遅く就寝しました。

ふだんは四時半に起きるのですが、前日は就寝が遅かったので、一日は六時に起床しました。寝ぼけ顔で外に目をやると、雪がだいぶ積もっています。

「これは新年早々、厄介なことになったぞ」と思いながら身支度を整えて、一時間ほどかけて雪かきをすませました。初日《はつひ》の出《で》のころには雪もやみ、よい天気になったので「これなら残った雪も溶けるやろ」と初詣の皆様を迎える準備をし、一日、二日は無事に新年のお参りの方々をお迎えすることができました。

しかし、三日は一日とくらべものにならないくらいの大雪です。いつも通り四時半に起床したのですが、あまりの大雪に絶句しました。

いつもなら掃除のおじさんたちが五時半ころには来てくれるんですが、正月三が日はお休みです。「これはえらいことになったぞ！　正月早々、お参りの方が石段で滑って転んだりしたら大怪我になる。骨折でもなさったら大変なことになる！」と思って朝のお勤めも早々に切り上げ、五時過ぎから竹ぼうきを持って境内の雪かきです。京都市内でも田舎にあるとは言え、豪雪地帯ではないので、寺に雪かきの道具なんてありません。竹ぼうきを持って石段から雪かきを始めました。

冬の五時と言えば真っ暗です。しかも、まだまだ大粒の雪が降り続けています。お寺の職員さんが出勤するにはまだ時間があるので、とにかく一人でできるだけ頑張ろうと思いました。

汗だくになりながら二時間くらい掃き続けたんですが、掃くよりも降ってくる雪のほうが多くて、いっこうに雪がなくなりません。ヘロヘロになりながら、また掃き続けました。でも、掃いても掃いても、すぐに雪が積もります。

　はじめは「お参りに来られる皆さんが滑って怪我をしたら大変だ」と思って始めたんですが、疲れてくるとそんなことはどうでもよくなってきて「こんな日にお参りに来るほうが悪いんちゃうんか。怪我をしたって知らんがな」なんていう思いが強くなってきます。七時半ころにはお寺の職員さんも出勤してきて、皆で雪かきを続けました。そのころになると疲れもピークになり、頭の中は真っ白です。

「只今《ただいま》」が、からだの中に入る

　人間というのは面白いもんで、ホントに疲れてくると何も考えられないんですね。「お参りの方が滑って転んだらどうしよう」とか「こんな日に来るほうが悪いんちゃうんか」なんていう雑念は消え去ります。ただひたすら、「この目の前の雪をどうにかしないとあかん」ということだけになり、からだが勝手に動いていくんです。

　時計を見たら、九時少し前でした。九時になったら門を開けなければなりません。「もうアカン。疲れてからだが動かん」と思って周りを見渡してみると、雪もほとんどなくなり、きれいに掃き清められていました。

そのとき、禅宗でよく言われる「只今」という言葉がストンと心に入ってきたんです。

「皆さんのために」とか「滑って転ばれたら大変だ」とか、そんなことは理屈にすぎなかったのです。

雪かきをしている間にそんな理屈は飛んで行き、ただただ目の前にある雪と格闘していました。気がついたときには、きれいに掃き清められていたわけです。その結果として、皆さんが普通に参拝できるようになっていました。

そのときに「只今とは、まさにこのことか」とストンと腹に落ちたんです。

結果自然になる。そのためには、「只今」、今、目の前にあることに集中していくことが大事なんだということです。

「お参りの方が怪我をしてはいけない」と思って始めたことですけど、途中では無我夢中。そんなことはどうでもよくなっていて、結果的には、「あ、きれいになっていた」と気づいたわけです。

これはいくら頭の中で理屈をこねていてもダメなんです。「五時から一人で雪かきしたってそう簡単には終わらへんわ。それやったら皆が出勤してくるのを待って、いっせいにやったほうが早いなぁ。それまで待っとこか」。こんな理屈をいくら考えても雪は片付きません。

そうじゃなくて、今、目の前にあることからやっていく。やっていくことによって、少しずつだけど雪もなくなる。その一心不乱に雪かきをしている姿を見て、他の方も手伝ってくれる。

その結果、雪が掃き清められたんです。理屈だけでは雪はなくなりません。

実際に自分のからだを使ってやるからこそ、わかることがあるんです。

雨の日も、晴れの日もよし

華厳寺の庭園は決して広くありませんが、参拝に来られた皆様に楽しんでいただきたいと、九代目の曹寿《そうじゅ》和尚様が四季を通していろいろな花を楽しんでいただけるように工夫されました。

春には梅、桜、芍薬《しゃくやく》、つつじなどの花が咲き、夏には新緑の木々や青竹、秋には紅葉、冬には寒椿、ボケの花などを楽しんでいただけます。四季の移り変わりを感じていただけるお庭になっています。

ただ、紅葉が終わり、もみじの葉が散ってしまうと、木々はどうしても枝だけになり、寒々しい風景になってしまう時期があります。これはこれで冬の始まりを知らせてくれる風景であって、古の人々は、そういった風景にも美しさを見出してきたんですね。

でも、現代を生きる私たちはどうでしょう？

秋のもみじだけでも十分に美しいのにわざわざライトをあてて強調したり、冬の枯れ木にイルミネーションと言って、電飾をわんさか飾り付けています。それはそれできれいかもしれませんが、どうも刺激が強すぎる気がしてしまいます。

最近はいろいろなところで、さまざまなイベントが行われるようになってきました。

私が幼いころには、イベントと言えばバレンタインかクリスマス、後は地域のお祭りやバザーくらいでしたが、今はハロウィンが加わり、大人が仮装して大騒ぎです。

季節に関係なく、週末には各地でイベントがたくさん開かれています。商業ベースでお祭り騒ぎの催し物がどんどん増えてきています。

日常に喜びを見出す

時代とともにいろいろな催しが開かれるのは決して悪いことではないと思います。

でも、あまりにも特別な日が増えすぎている気がしてなりません。

特別ではない、日常の何気ない生活の中に楽しみを見出したり、いつもの風景の中に季節の移り変わりを発見したりすることも、大切なのではないでしょうか。

日々の生活はルーティーンの繰り返しです。刺激的で胸がドキドキするようなことが毎日起こるはずもありません。もし何もないのにドキドキしたら、それは何かの病気かもしれませんよ。

その何気ない日々の繰り返しで、人は年を重ねていくのです。

仕事の行き帰りに見かける庭木のつぼみが大きくなってきたのを感じ、軒先に毎日来る小鳥のさえずりを楽しんでみる、街路樹に季節の移り変わりを見つける……。日常の風景の中に変化を見つけて、感動したり、美しさを感じ、それを喜びとして受け取っていける人が、本当に幸せな人なのだと思います。

ささやかなことに気づき、喜びを見出せる心を育てていただければ、人生はもっともっと豊かになるんじゃないかと思います。

からだを動かす

禅宗の教えに「他不是吾（他は是れ吾にあらず）」という言葉があります。簡単にいえば「他人は私じゃない」くらいの意味になるでしょうか。曹洞宗を開かれた道元さんには、こんな逸話が伝わっています。

お寺で食事をつくる係の人を典座《てんぞ》と言いますが、ある夏の暑い日、かんかん照りの中で年輩の典座さんがシイタケを干していたそうです。それを見た道元さんは、「あなたのようなご高齢で立派な和尚様が、わざわざこんな暑い日に自ら干しシイタケなんてつくらなくても、もう少し涼しくなってから、若手の和尚方にやらせればよいのではありませんか」とおっしゃったそうです。

それを聞いた典座さんは「他は是れ吾にあらず」と言われました。つまり、「他人がやったんじゃ、わしがやったことにならんやろ」という意味で怒られたわけです。

お寺では坐禅をすることも修行ですが、作務《さむ》と言って、畑仕事をしたり掃除をしたり、托鉢をしたりといった普段の作業も、大切な修行なんです。奥座敷に座って「あしろ。こうしろ」と人にやらせていたんでは修行になりません。つらい作業であっても、自分でからだを使って行動するからこそ、修行になるのです。

典座というのは食事をつくる役職ですが、決して下働きではありません。非常に大切な役職であり、それなりの修行を積んだ方の仕事です。昨日今日入った新参者が賄《まかな》いの食事をつくるようなものではありません。

坐禅を組むのと同様に、料理をつくるのが典座の修行です。暑い中で干しシイタケをつくるというのも修行のうちです。

歳をとった典座さんが、「あなたがやらなくても、もっと若い者にやらせたらいいじゃないですか」「もう少し涼しくなってからやったらいいじゃないですか」という意見に対して、「何を言っているんだ。それでは私の修行にならんだろう。暑かろうが寒かろうが、厄介な仕事でも、やるべき仕事を自分でするからこそ、自分の修行になるんだ」と説かれたわけです。

自分でやって、はじめて知恵になる

誰かに言われて渋々やるのではなく、自分が主体的に、自分が置かれた立場で、自分が積極的にやっていくからこそ、修行になるのです。そうすることで自分の中にある、〝仏になるための種〟を磨くことができるのです。

どのようなことでも自分でやらなければ、本当のところは見えてきません。最近はいろいろと便利な機械もできて、自分のからだを動かさなくても、さまざまなことができるようになってきました。お金を払って人に任せることもできます。

スマホやネットが発達して、わからないことがあれば、すぐに調べられるようにもなりました。

でも、それでは本当のところはわからないのです。

本を読んだり、勉強したり、講演会に行って話を聞いたりすれば、知識は得ることができるでしょう。けれど、知識は知識にすぎません。自分が自分のからだを使って、苦労してやるからこそ、はじめて知恵というものになります。

知恵は、実際に自分でやってみないと身につかないものです。

大きな会社の社長さんで、自分でトイレ掃除をする方が時折おられます。素晴らしいことだと思います。トイレは汚いというイメージがありますが、どうしても必要なものです。社長がそこを掃除するということは、仕事には上下がないことを身をもって示されているのです。

何かを開発するのも、ものを売るのも、トイレを掃除するのも、大切な仕事の一つ。社長業が偉いのではなく、それも仕事の一つ。

自らがからだを動かすことで知恵が身についていくのです。それを忘れないために、自らトイレ掃除をされているのだと思います。

体験に勝るものなし

前項でご紹介した「他不是吾」と同じような意味の禅語に、「冷暖自知《れいだんじち》」というのがあります。文字通り、冷たいのも、熱いのも、自分で触ってみなければわからないということです。氷の冷たさは触ってみないとわかりませんし、火の熱さは何度か火傷をしないとわかりません。

いくら本を読んで勉強しても、人に教えてもらっても、それだけではダメなんです。

中学生や高校生が修学旅行でお寺にお参りに来てくれます。法話を聞く間は正座をしてもらいますが、最近は椅子の生活が当たり前になり、畳の上で正座をすることに、皆さん慣れていません。でも、せっかく修学旅行でお寺に来たのですから、特に中学生には頑張って正座をしていただきます。

法話はだいたい三〇分程度させていただきますので、最初から最後まで正座をすれば三〇分くらい正座をすることになります。たいていは五分くらいで足がしびれだしてもぞもぞし始めます。一〇分くらいすると、たいていの子は胡坐《あぐら》をかき始めます。

そして、最後の最後に私はこう言うんです。

「最初から最後まで正座していた子は、三〇分間の足のしびれというのがわかったはずです。五分でやめた子は、五分の足のしびれしか経験していないことになります。一〇分でやめた子は一〇分、二〇分でやめた子は二〇分の経験です。

五分でやめた子が、三〇分正座をした子に『足、しびれた?』と聞いたら、『むちゃくちゃしびれたわ。足がしびれて立てへん』と返事すると思います。でも、言葉でどんなに説明されたところで、本当のところはわかりません。ああ、しびれたのか、痛そうだな、くらいにしか思わないでしょう。

いっぽう、三〇分正座した子は、言葉としては『むちゃくちゃしびれた』だけかもしれませんが、三〇分正座したという実績が残ります。自分のからだを使って、それだけのことを叩き込んだんです。「三〇分間正座をしたら、これだけしびれる」ということがわかったわけです。

自ら進んでやる

これは知識ではありません。自分のからだを使ってはじめてわかることです。自分でやってみなければわからないことなんです。これが知恵になっていくんです。

ネットやスマホを使えば情報はすぐ手に入ります。けれど、簡単に手に入る情報は、単なる情報にすぎません。人が充実した人生を送るためには、自分が実際にからだを使って感じ取ることが大事です。これこそが「冷暖自知」です。

自分でやってみなさい。しかも、渋々やるのではなく、自分から主体的に、自分がやるべきこととして積極的にやりなさい。これが生きていくうえで非常に大切なことなんです。

挨拶は人間関係の基本

日常生活で大切なものの一つに、挨拶があります。でも、挨拶がきちんとできていない方も多いのではありませんか？　特に人間関係がうまくつくれない方に、そうしたことが多いように思います。

「お早うございます」や「こんにちは」という挨拶は、人と人とが出会ったときにはじめにかわす言葉ですから、家で言うなら玄関のようなものです。玄関先でつまずくと、座敷に通されてからも何となく居心地の悪いものですよね。

私も修行道場を出て、はじめて和尚として他のお寺の法要に招かれたとき、きちんと挨拶ができなくて気まずい思いをしたことがあります。

お寺では、まず玄関から座敷に通されますが、その座敷に入る前に、先にお越しになっておられる和尚様方に向かって、きちんと正座をして低頭します。その作法を知らずに、低頭せずに座敷にそのままズカズカと入ってしまったのです。それに気づいて、非常に恥ずかしい思いをしました。これは今でもよく覚えています。

実は、この「挨拶」というのも禅語です。相手の修行がどこまで到達しているのかを探り合うことを「挨拶」と言います。挨拶をすることによって、「この人はもうここまでできあがっているのか」とか、あるいは「この人はまだまだだな」といったことがわかるのです。

そんな難しいことは置いておくとしても、「お早うございます」「ただいま」「おかえり」「こんにちは」などといった挨拶がきちんとできなくては、人間同士のコミュニケーションがはかれません。

「ありがとう」や「すみません」も挨拶の一つです。

「先日はどうもありがとうございました」や「ありがとうございます。助かりました」などと感謝の気持ちをあらわす「ありがとう」は、皆さん、簡単におっしゃいます。

でも、「ごめんなさい」はなかなか言えないんですね。自分の非を認めたくないという意識が働くんでしょうか。負けた気になるのか、賠償を請求されることを恐れているのかわかりませんが、謝ることは、「自分が悪い」と認めるわけですから、プライドを傷つけられた気分になるのかもしれません。

挨拶ができる子どもに育てる

自分に非があるときに、素直に謝罪できるような習慣は、幼いころからきちんと身につけておく必要があります。現実の社会を見渡したとき、自らに非があるのに、理屈を並び立てて、なんとか責任を回避しようとする方が本当にたくさんおられます。言い訳をすればするほど見苦しく、人間関係は壊れていきますし、信用も失っていきます。しかし、勇気をもって素直に謝罪すれば、案外ことはスムーズに進むものです。

挨拶はおそらく日常生活で一番使うものですから、子どものころからきちんと挨拶ができるように育ててあげることが大事です。大人になってからこれを身につけようとしても、なかなかできないんです。悪いことをしたり、周りに迷惑をかけたときには、素直に謝れる経験を、幼いころから積ませてあげてください。

「お早うございます」「こんにちは」「ありがとうございます」「ごめんなさい」といった挨拶をきちんとするように心がけるだけで、人間関係がスムーズになります。

人間関係がうまくつくれないと困っている方は、まずは挨拶をきちんとすることを心がけられるとよいでしょう。

いただきます、ごちそうさまを言う

食事の前には「いただきます」、食事が終われば「ごちそうさま」と言いますが、今の若い方は、これを言わない人も多いですね。ご年配でも言わない方が、だんだん増えているように思います。

食事というのは、他の生物の命をいただくことです。人間とは罪深いもので、他の生物の命をいただかなくては生きていけません。そういったことをいつも意識していられるかと言えば、それは無理でしょう。

ですから、せめて食事の前には両手を合わせて「いただきます」、終わったら「ごちそうさま」、これをきちんと言うことは、とても大切なんです。

小さい子どもにこれを説明しても理解できないでしょうが、意味がわからなくても、「いただきます、ごちそうさまを言いなさい」と親御さんが躾けることは大事です。幼いころから習慣付けることが大事で、意味は後でわかればよいのです。

禅宗の修行では、食事の作法も非常に重要なものとされ、食事の前には、さまざまなお経を唱えます。その一つに五観文《ごかんもん》というものがあります。

一つには、功《こう》の多少を計り彼《か》の来処《らいしょ》を量る
二つには、己《おのれ》が徳行の全欠《ぜんけつ》を付《はか》って供《く》に応ず
三つには、心《しん》を防《ふせ》ぎ、過貪等《とがとんとう》を離《はな》るるを宗《しゅう》とす
四つには、正《まさ》に良薬《りょうやく》を事とするは形枯《ぎょうこ》を療《りょう》ぜんが為なり
五つには、道業《どうぎょう》を成ぜんが為に、此《こ》の食を受くべし

意味は、
一つ、すべてのものに感謝してこの食事をいただきます。
二つ、自分の日々の行いを反省してこの食事をいただきます。

三つ、欲張ったり残したりしないでこの食事をいただきます。
四つ、からだと心の健康のためにこの食事をいただきます。
五つ、みんなが幸せになるためにこの食事をいただきます。

こういったお経を唱え終わって、ようやく食事をいただくことができます。
禅宗の僧が使う食器は五つくらいがセットになっていて、入れ子状に重ねてしまうことができます。たいがいは、ご飯とお味噌汁、それにたくわんなどをいれる三つしか使いません。食事の後はお椀に番茶を注いで、たくわんできれいにして、それでピカピカにしてしまいます。たくわんを食べて、お茶も飲んだら、食器を拭いてしまって、食後のお経を唱えて食事は終了。食器を洗うということをしません。お米つぶ一つ残すようなこともありません。

日常のことを丁寧に

最近は皆さん、「ダイエットのため」などと言って平気でお米を残されます。お茶碗に米つぶがいっぱいついたままで食事を終える方もいます。昔は、こんなことは行儀が悪いとして許されませんでした。ところが、どんどん当たり前になってしまって、最近では「なぜ残したらいけないの？」といった風潮すらあります。

皆さんは修行僧ではありませんから、食事中に話をするのが悪いとは言いませんが、べらべらとしゃべって、ご飯は残して、散らかしほうだいで食事を終える。それは美しいものではありません。

学歴が高く豊富な知識をもつことよりも、きれいなブランドの洋服を着て高価な宝石を身につけるよりも、毎日、普通のことを丁寧にやることが大事で、それができている人のほうが、人としてはるかに素敵です。

朝起きて顔を洗って、夜、風呂に入って寝るまでの一日の動作、一つひとつを丁寧にやるということが大事なのです。

最近は拝金主義の考え方が進みすぎて、「お金がある人が偉い」といった考え方があります。けれど、お金は紙切れにすぎません。サービスをしてくれる人や、ものをつくってくれる人がいなければ、いくらお金があっても買うことはできません。

それをはき違えてしまって、お金さえあれば手に入ると思って、ものや人に感謝をすることが減ってきているように感じます。ものがあって当たり前、やってもらって当然という考え方ですね。なぜなら、自分はお金を払っているのだから。そういう意識が強くなりすぎているのではないかと思います。

コンビニで買い物をするのでも、一言も言葉を発しないですんでしまう。店員さんはマニュアルに沿った言葉だけしか言わない。人間同士のコミュニケーションといったものが、一切無視されているように感じることがあります。

それゆえ、日々の暮らしが殺伐としたものになっていくし、雑になってしまったりするのではないでしょうか。

当たり前のことをする

禅宗のお寺の玄関には、「脚下照顧《きゃっかしょうこ》（照顧脚下とも）」「足元を見よ」などといった言葉が書かれています。「自分の足元を見つめなさい」ということですが、自分が脱いだ靴くらいは自分でそろえなさいという意味もあります。

玄関という言葉も、実は禅語です。「玄関」とは、皆さんは家に入る入口と思っておられるかもしれませんが、もともとは「奥深い仏道への入口」「悟りの道への関門」という意味で、禅寺の山門や玄関のことを言ったんですね。

つまり、「ここからは厳しい修行の入口である」というのが「玄関」の本来の意味です。一般のご家庭の入口を玄関と言い始めたのは明治時代になってからのようです。

玄関とは仏道への入口であり、修行の場への入口でありますから、当然いつもきれいに保つべき場所です。

皆さんのお家の玄関はいかがですか？　靴が何足も散らばっていたり、ごみがあったり、埃まみれになっているお家も多いのではありませんか？

靴をそろえる

お寺では時々、「トイレを貸してください」と言われますので、「どうぞ」とご案内しますが、八割くらいの方は靴をそろえずに、そのまま脱ぎっぱなしで行かれます。気がついたときには靴をそろえて履きやすいように直しておきます。

経験した方ならわかると思いますが、人様が脱いだ直後の靴は妙に暖かくて必ず湿っています。それをそろえるのは、決して気持ちのよいものではありません。

それでも、トイレから戻ってこられたときに気づいていただければと思い、そろえて直しておきます。でも、なかなか気づいてはいただけないですけどね。

自分の靴をそろえられる方は、周りの靴もスッと簡単にそろえられます。

でも、自分の靴を脱ぎ散らかしている人は、周りの人の靴も絶対にそろえられません。日ごろからそういう意識がないからでしょう。

自分の脱いだ靴くらいは自分でそろえるのが当たり前だと私なんかは思っているんですが、どうも最近は当たり前ではなくなっているのでしょう。

お寺では法話を聞いていただく際、背の低い机を並べてお茶とお菓子をお出ししています。ここ数年、靴をそろえないのと同じようなことで、法話が終わった後、その机を跨いで出て行かれる方が増えてきました。以前はおっちゃんが多かったんですが、最近は若い女性がなんの躊躇もなく机を跨いで出て行かれます。

靴をそろえるとか、机を跨いではいけないというのは当然だと思っていましたが、なかなかその「当たり前のこと」が身についていない方が多くなりました。

当たり前のことを、当たり前にやる

当たり前のことを当たり前にやっていくことほど、難しいことはないのかもしれません。

結婚記念日や誕生日、クリスマスにバレンタインなど、イベントごとに気合を入れてサプライズで人を喜ばせようというのは、実は誰でもできます。日常とは違う一回きりの単発の行事だからです。

でも、靴をそろえたりするのは日常の行為です。日常の当たり前のことを丁寧にやっていくほど難しいことはありません。

誰からも何も言われていないのに、他人さんの靴をサッと綺麗に整えている方を見れば、「この人は親切な方やなぁ。この人ならいろいろと任せても、ちゃんとやってくれはるわ」と信用されるのです。

学歴が高く、知識も豊富で周りから先生、先生と言われる方でも、自分の脱いだ靴一足さえそろえられなければ、たいした人物ではないでしょう。

反対に、話をさせても気の利いたことなど言えず、先生とは呼ばれない方はたくさんおられます。しかし、そういう方が、人の嫌がることでも率先してやっておられれば、はるかに人物としては素晴らしい方なのです。

日常生活の中で当たり前のことを当たり前にやっていく。これほど難しいことはありません。でも、それができると、人生は大きく変わります。

「たかだか靴をそろえるだけで、人生がそんなに変わるんか?」とおっしゃる方がおられるかもしれませんが、変わるから恐ろしいのです。

人生は、ほんのわずかなことの積み重ねでできているのです。

第二章

心穏やかに暮らす禅のヒント

笑顔で接する

「和顔愛語《わげんあいご》」という禅語があります。「和顔」はにこやかな笑顔、「愛語」とは人を思いやる優しい言葉です。そういった態度で人に接しなさいよという教えです。これは「お布施」の一つです。

もう十年くらい前になりますか、ある日の夕方、寺の下を歩いておりますと、「おぼんさん、こんちは」という小さな声がします。ん？　と思い、振り返りましたが人の姿は見えません。空耳かと思ってまた歩き出すと、「おぼんさん、こんちは」と、今度ははっきりとした子どもの声で呼びかけられました。

よく見ると、二歳くらいの本当に小さな女の子が立っていました。あまりに小さくて、最初は気づかなかったのです。ようやくよちよち歩きをするくらいで、ニコニコと笑っています。お寺の近所で見かけたことがないお子さんです。

私も「こんにちは」と挨拶を返しましたが、周りに親御さんの姿も見えないので、「おじょうちゃんはどこから来たの？　近所の子か？」と聞きましたが、その子はまだあまりしゃべれない。「気をつけて早く帰りや」と言って別れました。

夕暮れ時に、たった一人であのようなところで何をしていたんだろうか。別れた後もその無邪気な笑顔が心に残り、座敷童というのはああいう姿なのではないだろうか……などと不思議な出会いのことを考えていました。

数日後、また近所を通りかかると、やっぱりその子が笑顔で「おぼんさん、こんちは」と声をかけてくれます。まだ「お坊さん、こんにちは」と言えず、「おぼんさん、こんちは」。そのときは、幼稚園生くらいのお姉ちゃんと一緒だったんで、「家はこの近くか？」と聞くと、「そやで、この辺に住んでんねん。最近引っ越してきてん」と答えてくれました。

それからはしょっちゅう見かけるようになり、その子は私が通りかかると、決まってニコニコと笑いながら「おぼんさん、こんちは」と声をかけてくれるのです。

「おぼんさん、こんちは」

「こんにちは」

と、挨拶を交わすのが日課のようになりました。その子が「おぼんさん、こんちは」と声をかけてくれると、なぜだかとてもほっとするのです。心の底からニコニコッと笑いかけてくれる、その笑顔を見るのが毎日の楽しみのようになっていました。

そのときに、「ああ、これがホントのお布施なんやなぁ」ということを実感しました。まさに「和顔愛語」です。もちろん、その子はそのようなことを考えているわけではありません。おそらくは親御さんが、「人に会ったらちゃんと挨拶しいや」と教えていらっしゃるのでしょう。なんの見返りも期待せずに、ただ挨拶をしてくれているだけです。それでも私は幸せな気分になりました。

その子の明るい笑顔と、ちょっとした言葉に、私は元気を与えてもらってたんです。子どもの純粋な素直な心のおかげで何気ない日常が豊かなものになってたんです。

ですから、数年後、その子が引っ越していったときには寂しさを感じました。

笑顔と感謝の言葉を忘れずに

人は成長して大人になるにつれて、いろいろな思惑が出てきます。「相手が挨拶をしないのに、なんで自分のほうから挨拶をしないといけないんだ」とか「こっちは客でお金を払ってるんだから、サービスを受けるのは当然だ」なんて意識が生まれてしまい、やってもらって当たり前、してもらって当然という感覚が身についてきます。

世の中が便利になりすぎてしまっているのかもしれません。水道をひねれば水が出ますし、買い物だってネットで注文すれば届く時代です。日にちばかりか、時間指定もできてしまう。それが当たり前になってしまって、予定の時間からちょっとでも遅れたりすると、非常に腹を立てたりする。

よく考えると、指定した時間に荷物が届くなんてことはすごいことです。荷物を運ばれる方は、一軒だけではなく、たくさんのお宅を回っているわけです。道が渋滞していれば遅れることがあるのは当然です。荷物を時間通りに届けるために、どれだけの人の労力がかかっていることか。そこが見えなくなっています。

「当たり前」だと思っていることが、実は「当たり前ではない」のです。

いろんなことが「当たり前」になって慣れすぎてしまい、感謝の気持ちを忘れていないでしょうか。

損得を考える前に、子どものころの純粋な気持ちを少し思い出していただいて、にこやかな笑顔と人を思いやる優しい言葉で人に接してみてください。ちょっとした言葉や笑顔が、他人に幸せを与え、勇気づけることもあるのです。

柔らかな心をもつ

日本では昔から「和合」「和を以て貴しとなす」という言葉あるように、「和」を大事にせよと言われてきました。これが自分の心を制御する一つの方法なんですね。他人との摩擦を減らしていく一つの手段、方便が「和」を大事にすることなんです。

その根本にあるものとして、もっとも大切だと思うのは、「柔らかい心」、「柔軟《にゅうなん》心《しん》」です。柔軟心とは、簡単に言えば「違いを受け入れる心」です。

お寺にいますと、悩みごとの相談をよく受けます。その中でも特に多いのが、人間関係や人づきあいの悩みです。職場であったり、家庭であったり、あるいは友人との関係、ママ友との関係であったりと、人間関係で悩んでいる方は非常に多いようです。

なぜ人間関係の悩みが多いのかと言えば、一つには完璧な人間などいないからです。未熟な者同士が生きているのですから、ぶつかり合ったり、嫌な思いをすることがあって当たり前なんですよ。「三人寄れば文殊の知恵」なんて言いますが、実際に三人集まると、必ず仲間外れや揉め事が起こります。なぜなら、誰でも自分を中心に考えて、「私が」「私が」という気持ちが強いからです。

自分に対する執着、これを「我執」と言いますが、人は皆、「自分は正しい」と思って生きています。「自分はつねに間違っている」と思ったら、これは生きていくのが難しくなります。人は、自分を中心にしてしか生きられないんです。これは動物として避けられない本能だと思います。

「我」を柔軟さで超える

当然、我が強ければ強いほど、摩擦も大きくなります。では、この「我」をなくすことができるのかと言えば、それは簡単ではありません。それならどうしたらよいのか。これは自分の心を制御していく、自分の心と上手にお付き合いしていくことが大事になります。

心の中には、人を羨んだり、憎んだり、どうしても嫌な感情が起こることがあります。でも、こういう醜い部分があって当然なんです。そういう嫌な部分も含めて人間という存在なんです。十人いれば十通りのものの考え方があり、価値観の違いがあって、人それぞれ皆違うわけです。でも、「私が、私が」とやってしまったら、当然、相手を拒否することにつながります。そこで柔軟心をもって、他を受け入れていく。これがとても重要なことなんです。

人によって価値観は違いますが、部分的には重なっているところもあります。違っているところを拒絶すると、自分自身のものの考え方が狭くなります。変化を拒絶する人というのは、現状を維持したい人です。自分と違うものを受け入れていけば、心が広くなります。その柔軟さ。柔軟心をもつとは、変化を受け入れられるかどうかの違いです。

自分の思い通りにならないから苦しみがあります。でも、自分の思うに任せないことがあるのは、仕方がない。それを受け入れられる軟らかな心があれば、その苦しみも半減していくんですよね。

ほうっておく

皆さんからの相談で、よくあるのが「復縁」です。

「恋人にふられたのですが、どうしたらいいですか」

この答えは、「受け入れるしかない」ということです。

「お地蔵さんにお願いしたら、寄りが戻せますか」と聞かれるのですが、「わかりません」としか答えられません。別れるには、何かしらの事情や理由があったはずです。いろいろな積み重ねの結果で別れたのですから、その原因を取り除くことをしないで仲を元に戻せるのかどうかは、私たちにはわかりません。

ただはっきりとわかっていることは、「一度出てしまった結果は、なかったことにはできない」ということです。ですから、復縁をお願いするよりも、先に進むことをお願いしたほうがいいですよ、と私たちは答えます。

時間が解決する

「どうやったら忘れて前に進めますか」という質問もあります。

その答えは、「ほうっておきなさい」。無理に忘れようとしないことです。無理に思い出そうとしないことです。忘れようと思うと、「忘れよう、忘れよう」という心があるから、いつまでも忘れられなくなります。

忘れようとするのはよくある話ですが、楽しかったことを振り返って、想い出に逍遥《しょうよう》なさる方が意外に多くいらっしゃいます。わざわざ思い出すんですね。そんなことをしていたら、忘れることなんて絶対にできません。

ですから、「わざわざ思い出すことをしなさんな、無理に忘れようとしなさんな」と申し上げます。何かの折にふっと元恋人のことが浮かんだら、それはそのままほうっておきなさい。後は必ず時間が解決してくれます。

それは、水の波紋のようなものです。鏡のような水面に石をポーンと投げると、波紋が広がりますね。この波紋を止めようとして、たとえば板を置きます。そうしたら、またそこから波紋が広がるんです。それでその板を取ろうとすると、そこからまた波紋が広がります。やればやるほど、心の波は高くなっていくんです。

何かあったときに心を静めたいと思ったら、それは何もしないことです。これは恋愛に限りません。何か腹の立つことがあって、それをグチグチ思い出していたら腹の虫は収まりません。だからといって、「穏やかにしよう、穏やかにしよう」と思ったところで、穏やかにはなれません。

悲しい思いや腹の立つことは、無理に思い出そうとせずに、無理に忘れようとせずに、ほうっておきなさい。それが心を穏やかにする一番早い方法です、とお話しします。

こだわりを捨てる

「喜捨《きしゃ》」という言葉があります。賽銭箱《さいせんばこ》に「喜捨」と書いてあったり、お寺の寺務所なんかに「喜捨はこちらまで」と書かれた看板が立っているのを、目にされた方もおられると思います。

喜捨も布施と同じで、見返りを求めてするものではありません。喜んで捨てさせていただくのです。といっても、私たちが普段、喜んで捨てるものといえばゴミくらいなもので、皆さんも捨てるより、もらうほうがお好きなんじゃないでしょうか。

もらうといえば、先日、参拝者の方からお土産をいただきました。「こだわりの○○」って書いてありました。確かに美味しいお菓子でした。最近、「こだわりの～」という商品が多くありますね。「こだわりの豆を使ったコーヒー」だとか、「こだわりの食材を使った○○をご自宅に宅配」とか。

皆さんも何かこだわっていらっしゃるものがあるんじゃありませんか？　お酒が好きな方は、新潟のどこどこの酒蔵のなんとかという銘柄の酒しか飲まないとか。どこどこのブランドのネクタイしかつけないとか。

そうしたこだわりをもっている方にお話をうかがうと、うんちくがすごいですね。よくものをご存じで、「だから、私はこの製品にこだわっているんです」と言われると、「あ～、なるほど」と思います。

でも、本当は、こだわりがないほうが、楽に生きられるんじゃないでしょうか。

こだわりと言うと聞こえはいいですが、要は執着なんです。

「私はこのコーヒー豆にこだわっているんです」

「私はこのコーヒー豆に執着しているんです」

どちらも同じです。

執着すると、なかなかそこから離れられなくなります。そのことしか見えなくなってしまうんですね。

放てば手にみてり

「放てば手にみてり」という法語があります。意味は簡単なことで、「握っていた両手の手のひらを放してしまえば、自然と次のものが手に満ちてくる」ということです。

逆に、「放さなければ、次のものを握ることはできない」とも言えますね。何かを手に握り締めたまま、新しいものを握ることはできません。一度放さなければ新しいものは握れないんです。

苦労してやっと手に入れたものを、簡単に手放すのは難しいでしょう。できることなら誰にも渡したくない。ずっと自分が握っていたいと思うのが、自然な気持ちなのかもしれません。

でも、苦労して手に入れたものでも、放さなければ、次のものを握ることはできないんです。

握っている期間が長ければ長いほど、手に入れるのに苦労したほど、執着も強くなり、頑固になっていきます。何百年と続く老舗の店が、昔ながらのやり方にこだわりすぎて時代に合わせることができず、取り残されて、最後には潰れてしまうということも決して珍しくありません。こだわりすぎると執着になって、周りが見えなくなり、最後には身を滅ぼすという、わかりやすい例かもしれません。

こだわりと言うと格好よく聞こえますが、ほんとは妙なこだわりなんてないほうが楽に生きられるんじゃないでしょうかねぇ。

くらべない

「春色に高下なく　花枝自ずから短長（春色無高下　花枝自短長）」という句があります。

春の太陽の光は、皆に公平に注いでくれます。もちろん、春に限ったことではなく夏も秋も冬も、いつでも太陽の光は皆さんに公平に注いでくれます。お金持ちのお庭には多めに、貧乏人のところには少なめに、などということはありません。太陽は同じように照らしてくれているのですが、花の枝には長い短いがあるのです。

同じ桜の木でも長い枝もあれば、短い枝もあります。高い枝もあれば、低い枝もあります。たまたまビルの陰になっている桜もあれば、日向にある桜もある。太陽は同じように注いでいるけれど、置かれた場所によって恩恵は違います。それぞれに向きもあります。枝が太陽の光を公平に受けられるかといえば、受けられないのです。だからといって、花は文句を言うかといえば、言いません。自分に与えられた場所で、精いっぱいの花を咲かせようとしています。

これが「春色に高下なし」ということです。

皆、一人の人間

人間も同じです。お金持ちの家に生まれた子もいれば、貧乏な家に生まれた子だっています。五体満足で健康な体で生まれてくる子もいれば、障害をもって生まれてくる子もいます。背が高い人がいれば、低い人もいる。カッコいい人もいれば、そうでない人もいる。

生まれた時点ですでに違いがあるけれど、一人の人間として考えれば、皆それぞれ唯一無二の尊い存在です。金持ちだろうが貧乏だろうが、障害があろうが、なかろうが、そんなことは一切関係なく、一人の人間としての尊さには差はありません。

そんな尊い存在なのだから、他人とくらべる必要などどこにもないのです。くらべればくらべるほど、自分にはないものに目がいって卑屈になってしまうだけです。もし、他人とくらべて、自分が「いいな」と思う方と代わってもらえるなら、いくらでもくらべたらいいんです。でも、代わることなど絶対にできないのです。

それなら、くらべたって意味がありません。そんな意味がないことに時間を費やすくらいなら、今自分の置かれた環境の中で精一杯生きればいいのです。

置かれた環境は違うかもしれないけれど、人間としての尊さに違いはないのですから、人とくらべることなく、精一杯自分なりに生きることです。

何かの拍子に、もし、他人のことが羨ましいなと思ったときには「春色に高下なく花枝自ずから短長」を思い出してください。

違いを受け入れる

私は高校生のころ、人生にはそれぞれの年齢によって経験しておいたほうがいいことがあるのだろうと、漠然と考えていました。

たとえば、一〇代から二〇代になるころなら、高校を卒業して社会に出たり、大学に入ったりして、たくさんの友人をつくり、遊びを経験し、恋愛をしと、さまざまな経験をする年代です。

就職して四、五年も経てば、ようやくいろいろなことがわかるようになって、三〇代あたりで結婚をして、子どもが生まれて。そうした経験の中で学んでいくことが非常に多いと思っていました。

今でもそうは思っていますが、それはなんのためかと言えば、一つには「生きやすくするため」という部分があると考えるようになりました。

皆と一緒であれば、安心だからです。皆と同じことをして、同じだけの経験を積めば、同じだけの哀しみと楽しみを経験できる。平均より抜きん出ることはないけれど、劣ることもない。

もちろん、年齢によって、生物学的な面からやっておいたほうがいいことはあります。女性なら、出産できる年齢というものがあります。高齢での初産は、さまざまなリスクが高まることが医学的な統計から知られています。

人生に正解はない

けれど、「その年代で、やらなければいけないこと」というのは、「本当にやらなければいけないのか」と問えば、決してそうではないんです。「この年齢ではこうしておいたほうがいいですよ」ということはあるかもしれませんが、それはたった一つの正解では決してないんです。

いろんな生き方があっていい。人間は全員が一つの価値観で生きているわけじゃありません。生まれた場所も違えば、育った環境も違います。当然、生き方もそれぞれ変わってきます。だからこそ、お互いが、それぞれの違いを認め合って生きていくことが大事なのだと考えるようになりました。

お釈迦様は、人間の苦しみの根源は、「思い通りにならないこと」だと説かれました。けれど、世の中にはいろんな人がいるから、それぞれものの考え方が違って当たり前です。そうした考え方の違う人とも、うまくやっていかないといけない。

そこで、必要になってくる知恵が、先ほどもお話しした柔らかな心、つまり柔軟心をもつことなのです。自分なりの考えや価値観をもつことは結構ですが、自分とは違う方々の考えや価値観を尊重し、受け入れていけば、もっと誰もが生きやすい世の中になるのではないでしょうか。

さっさと忘れる

明治時代の有名な禅僧に、原坦山《はらたんざん》という方がおられました。

坦山和尚様が若いころ、同期の親しい修行僧と二人で、旅に出ておられたときのお話です。田舎道を歩いていると川にさしかかりました。川幅も広く橋もありませんので、歩いて渡るしかありません。その傍らで、きれいな若い女性が川を渡れずに困っておられたそうです。

そこで坦山さんはその女性を軽々と抱きかかえて、川を渡してあげました。娘がお礼を述べているのにも耳を貸さず、さっさと歩いて友人の後を追ったそうです。

しばらく行くと、友人の修行僧が怒ったように「出家の身でありながらきれいな娘を抱くということがあるか！」と坦山さんに向かって言います。

それを聞いた坦山さんは、

「どこに娘がいるんだ？」

「とぼけるな。さっき川原で娘を抱きかかえておっただろう」

「ああ、あの娘のことか。あの娘ならさっき川を渡したところでおろしてきたよ。お前はあれからずっと今まで抱いておったのか」

とおっしゃったそうです。

本来、修行中の僧が若い女性を抱きかかえるということは、修行の妨げとなりますから、決して褒められたことではありません。

しかし、目の前で困っている方を放っておけなかった坦山和尚様は、若い女性を抱きかかえて川を渡してあげたのです。それを見た友人の修行僧が責め立てたのですが、当の本人はすっかり忘れてしまっていたということです。

負の感情を抱えない

つまらんことを根にもったり、すでにすんでしまったことを悩んでいても時間の無駄なんです。根にもったり、悩んだり、悔やんだりするからいつまでも心が乱れてしまう。

皆さんもそういう経験はたくさんあるでしょう。嫌なことやつらいこと、腹の立つことを経験すると、なかなかその負の感情から抜け出せずに、いつまでも心が乱れてしまい、先に進めずに時間だけが過ぎて、悶々とした日々が続いてしまう。

嫌なことやつらいこと、腹の立つことがあったら、その一瞬は怒ったり悲しんだりすればいいけれど、そんな負の感情は後生大事にとっておかずに、さっさと忘れてしまえばいいんです。

忘れること、その場に置いておくことで、心は穏やかになり、先に進めるのですね。あんまりつまらんことを、いつまでもグチグチ思い悩まないことですよ。

すべてを捨てる

有名な禅語に「本来無一物《ほんらいむいちもつ》」というのがあります。「本来」とは「もともと」という意味ではなく「本質的に」という意味です。「無一物」は「何もない」という意味ではなく、「一切、なんのとらわれもない状態」という感じでしょうか。

つまり、「本来無一物」とは「本質的に一切、なんのとらわれもない状態」という意味になるでしょう。

人間がこの世に生まれ落ちたときには、何も持たずに裸で生まれてきます。生まれたての赤ちゃんは、これがお父さんだ、これがお母さんだということもわかりません。もちろん善悪もわかりません。身も心も真っ白な状態で生まれてきます。

でも、歳をとるにしたがって、いろいろなものを身につけていくわけです。物質的なことだけではなく、知識や自分なりの価値観（分別）、あるいは地位や名誉といったことも含めてです。その一つひとつが、どれもそう簡単に手に入るものではなく、皆さん、それなりに苦労をして手にされます。

ところが、そうして苦労して手に入れたはずのものが、自分自身を生きづらくしていくのです。頑張って働いてようやく手に入れた財産をなるべく減らしたくない。できることならもっと増やしたい、そう思うのが普通ですが、そのせいで守るべきものが増えていきます。本を読んだり勉強したりして、努力して身につけた知識、いろいろな方々に叱咤激励されて、さまざまな経験をしながら身につけた自分なりの価値観、こうしたものも自分を縛っていきます。

生まれてきたときは「本来無一物」で真っ白だったのに、つらい思いをしながら身につけたものが、結局は大きな荷物になって、自分自身をがんじがらめにして、生きづらくしていくのです。

じゃ、どうすればいいのか？

邪魔なものは捨てればいいんです。断捨離という言葉が一時はやりましたが、禅宗にも放下著《ほうげじゃく》という教えがあります。意味は「捨ててしまえ」です。

捨ててしまえ

厳陽《げんよう》尊者という修行者が、趙州《じょうしゅう》和尚さんを訪ねて、「私はすべてを捨て去って無一物の境地に至りました。この次はどうすればよいでしょうか」と尋ねたところ、趙州和尚さんは一言、「捨ててしまえ」とおっしゃったそうです。「いやいや、私はすべてを捨てて来ました。これ以上、何を捨てろと言うんですか」と聞いたところ、「捨ててしまったという気持ちさえも捨ててしまえ」とおっしゃった。

私はすべてを捨ててしまったのだ、悟りを得てしまったのだという気持ちがあると、そこで終わってしまいます。本来の悟りとは、そうしたものではありません。「捨ててしまった」という気持ちを捨てて、もう一歩先へ進みなさい、とおっしゃったのです。そうすることによって、本当に自由になることができるのです。

けれど、私たちが普段の生活の中ですべてを捨ててしまえるかと言えば、それは簡単なことではないし、おそらく無理でしょう。財産にしても、知識にしても、今の立場にしても、家族にしても、どれも努力してやっと手に入れたものです。それを全部捨てられるかと言えば、それは不可能です。

では、どうすればよいか。本当に捨てることが無理なら、心の中でだけ捨ててしまうというのも、いいんじゃないでしょうか。ずっとじゃなくていいんです。少しの間だけ、心の中で捨ててしまう練習をしてみてはいかがでしょう。

想像してみてください。目が覚めたら名前もわからない無人島に一人でいます。でも、なぜか小さいけれど雨風をしのげる家はある。飲み水もなんとかなる。食料も質素にしていれば、食いつなぐことができる状態にはある。

さてどうでしょうか？　携帯電話やスマホなどはありません。周りには誰もいません。誰もいない、何もない孤島です。そんな環境なら、高価な鞄や宝石などはいらないでしょう。もちろん、お金も意味がありません。肩書もなんの役にも立ちません。誰もいないんですから、誰かとくらべることもないでしょうし、自分が正しいんだと、自分の価値観にこだわる必要もありません。

生きていくのに最低限必要な水や食料があれば命は保てます。そんな究極の状況に置かれたとき、今まで自分をがんじがらめにしていたすべてのものから自由になれるのかもしれません。

大切なことには時間をかける

私がまだお坊さんになる前のことです。当時大学の三年生でした。ある有名な交響楽団でトランペットの首席奏者を務めておられた方と、お話をする機会がありました。「君は車を運転するのかい？」と聞かれたので、「二〇歳のときに免許を取ったので、時々は運転をします」と答えました。すると「それは感心しないね。車は便利だけど、あまりにも速すぎる。それは生き方やものの考え方にも影響していくんだよ。これはオーケストラの演奏にも必ずあらわれてくる」とおっしゃいました。

そのときはあまり深く考えませんでしたが、歳を重ねていろいろなことを経験していくうちに、その言葉の意味がなんとなくわかってきたような気がします。

きっと人間には「生きるスピード」というものがあるのでしょう。言い換えれば、

「人間が人間らしく生きる速度」かもしれません。

鉄道や車が登場する前は、皆さんご自身の足で歩く以外に、移動の手段はなかったわけです。それが鉄道ができて、車ができて、飛行機ができてとなってきて、移動のスピードは格段に速くなりました。

北陸新幹線が開通したとき、ある営業職の方が「以前は北陸に出張と言えば泊りが当たり前だったのに、新幹線のおかげで日帰りになっちゃったんですよね。仕事ははかどるかもしれませんが、忙しくなって、営業の途中で街並みや名物を楽しめなくなったのは非常に残念です」と笑っておられました。

技術の発達による恩恵はとても大きいのですが、それであまりにも忙しくなっている気がします。しかもここ数年はネットの環境が整い、時代の変化するスピードがますます速くなってきました。

あまりにも速すぎてしまって、「一呼吸置く」こともできなくなっているのではないでしょうか。スマホなどができて便利になったのはいいんですが、「〝既読〟なのに返事が来ない」なんてことで揉め事が起こったり。便利さばかりを求めて、結果、その便利さに振り回されているのではないかと思うことがあります。

巌谷《がんこく》に松を栽《う》える

「巌谷に松を栽える」という禅語があります。黄檗寺《おうばくじ》（中国・江西省）を開かれた黄檗禅師のお弟子さんに、臨済宗を開かれた臨済禅師という、非常に高名な和尚さんがおられます。

臨済禅師が松の苗を岩場に植えているのを見た黄檗禅師が、なぜこのような山深いところで、わざわざ松の苗を植えているのか、と尋ねました。すると、「一つには、お参りに来られる方のために寺の境内をきれいにしています。そしてもう一つは、後から来る後輩の修行僧たちの標榜とするためです」と答えられたそうです。

どういうことかと言いますと、深い山の中ですから、松の木はたくさん生えています。こんなに松の木があるのに、なぜお前はわざわざ松の木を植えるのか、と黄檗禅師が尋ねたのに対して、ご参拝に来られた方々が、きれいな景観の境内で心を落ち着かせてお参りいただくため、それと次代の修行僧たちが大きく育った松を見て、「ああ、昔もここで同じように修行に励んでいた方がいらっしゃったのだ」と感じてくれるように、その目印になればという思いから松を植えているのですと、お答えになったというお話です。

ご存じのように、松が成長するのはとても年月がかかります。楓や柿、栗などはすぐに大きくなりますが、松はゆっくりゆっくり育ちます。松を植えても、それが大きく育った姿は、植えた人は見られません。孫の代くらいにならないと、見られない。つまり、自分にはなんの見返りもない。でも、いま目の前にあることに対して、すぐに役立つからやるというのではなく、何世代も経ってから、後で役に立つものもあるということです。

ゆっくり歩む

現在は何かにつけてスピードがとても速いですから、私たちはすぐに結果を求めたり、すぐに答えを求めようとします。

でも、なんでもかんでも速ければいいってもんじゃありません。ゆっくり時間をかけて育てていくということも大切です。効率やスピードを求めすぎて、今すぐ利益や結果が出ないものは簡単に切り捨ててしまう。これでは本当に大切なものは育たないのではないでしょうか。

本当に大切なものは時間をかけなければ育たないのです。一見、無駄に見えるものでも、実は時を経ることでものすごく大事なものになっていくこともあります。

仮に自分が蒔いた種が、自分が生きている間に役に立たなくても、次の代、その次の代になって役に立てば、「それでよし」とする気持ちをもつことも大切です。「労少なくして功多し」と言いますが、「労多くして功少なし」、いえ、もしかしたら「功なし」でもいいのではないでしょうか。

今生きている人たちだけの利益や利便性だけを追求して、後代の方々に負債を押し付けてしまうような生き方が、はたしてよいのでしょうか。

あまり生き急がずに後々のことを考えて行動すれば、心も穏やかになっていきます。今を生きるということは、今の刹那的な快楽を求めることではありません。時代に逆行するかもしれませんが、ゆっくり歩むスピードが、人間らしい生活を営むためには必要なのだと思います。

与えること

仏教には「布施」という言葉があります。皆さんは「布施」と聞いて、どんなイメージをもたれるでしょうか。お寺に納めるお金でしょうか。法要などでお坊さんに渡すお礼金のようなものでしょうか。

まぁ、あんまりよいイメージはないかもしれません。

でも、本来は「六波羅蜜《ろくはらみつ》」という悟りの世界に行くための修行があり、その一つが「布施」なんです。「布施」は、もともと「ダーナ」という昔のインドの言葉からきています。これは「与える」という意味です。

ご主人のことを「旦那さん」って言うでしょう。これは「ダーナ」が語源で、旦那が、丁稚さんや奉公人さんに賃金を与えるというところから「旦那」になったんだそうです。
与えると言っても、何もお金を与えるだけが布施ではありません。なんでもいいんです。

「無財の七施」と言って、布施には七種類あると言われています。

優しいまなざしで人に接する
にこやかな笑顔で人に接する
優しい言葉をかける
からだを使って人のために働く
感謝の言葉を伝える
座っている席を譲り合う
一宿一飯の施しをする

皆で使う公園を掃除するのも布施です。これは労働を与えています。

お年寄りに電車で席をゆずるのも布施です。なんや悲しい顔をしている人に、ちょっと優しい言葉をかけてあげるのも布施です。にっこりと微笑んであげるのも布施です。自分が何かをすることで相手が喜んでくれたり、元気になってくれれば、それが布施になるんです。

でも、布施で一番大切なことは、決して「見返りを求めない」ということですね。見返りを求めると、善意ではなくて商売になってしまう。見返りを求めると欲が出てしまう。「私があれだけしてあげたのに、ありがとうの一言もあらへんがな」ってことになる。愚痴の一つも出てくる。文句の一つも出てくるんです。

感謝の気持ちを忘れずに

でも、どうでしょう。私も含めてだと思うんですが、どうもこのごろ、誰かに何かをしてもらうことが、あまりにも当たり前になりすぎている気がしますね。してもらうことが当然で、権利になっている気がします。

私たちの生活があまりにも便利になりすぎているのかもしれません。暑ければエアコンのスイッチを入れればええにゃし。近くのスーパーに行くのにも、歩けばいいものを車で行く。最近じゃ、家にいながらネットで買い物もできます。スマホっていうもんがあるから、家じゃなくても、どこにいたって買い物ができるようになりました。しかも、品物は宅配便で、時間指定で届く。

こんな生活に慣れて、便利なのが当たり前になっているんじゃないでしょうか。便利な生活に慣れすぎると、どうしてもわがままになって、感謝の気持ちがなくなってきます。「これができるんなら、これもやってよ」っていうふうに要求が高くなっていく。それがクリアーされれば、またさらにエスカレートしていく。

これじゃ、どこまでいってもキリがありません。与えられることに慣れすぎてしまってるんです。

たまには「布施」の心を思い出して、何かを周りの人にしてあげてください。ただし、見返りを求めてはいけません。それによって、自分が与えられているものに気づくことができるはずです。

「仏の顔も三度まで」の本当の意味

「仏の顔も三度」という諺《ことわざ》を、皆さんご存じでしょう。でも、本当の意味は、意外に知られていないようです。「仏様のように優しい人でも、失礼なことを赦《ゆる》してくれるのは三度までで、四度目は怒るぞ」という意味に理解しておられる方が多いのではないでしょうか。これはちょっと違うんですね。

この諺の由来になる話が仏典に残っていますので、ご紹介しましょう。

コーサラ国と釈迦族の因縁

お釈迦様は、釈迦族という小さな部族の出身です。その隣にコーサラといって武力の強い国がありました。

そのコーサラ国の王様が、自分の妃を小さな釈迦族から迎えようと考えました。これはプライドの高い釈迦族にとっては受け入れ難い話でした。

しかし、コーサラ国は強国。断ったりすれば、必ずや釈迦族の土地に攻め入ってきます。釈迦族は断りたいけれど、断れない。仕方がないので、ある豪族が身分の低い女性に産ませた娘を差し出すことにします。その娘の身分を、高貴な出であると偽って。

こうしてコーサラ国の王様と、釈迦族の身分の低い妃との間に王子が生まれます。その王子が八歳のときに、弓矢を学ぶために釈迦族の国に留学します。そこで王子は、自分の母親の素性を聞かされてしまうんです。

「お前は身分の低い娘の産んだ子だ」。侮辱された王子はひどく傷つき、釈迦族を滅ぼすことを心に誓います。

やがて成人してコーサラ国の王となった王子は、軍隊を率いて釈迦族の国に攻め込みました。王が兵を率いて進軍する途中、木の下でお釈迦様に出会います。

当時、その地方にはある決まりごとがありました。それは「身分の尊い方に出会ったら、兵を引き上げなくてはならない」というもので、コーサラ国の王は、仕方なく兵を引き上げます。

そして、二度目に出兵したときもまたお釈迦様に出会うのです。さらに、三回目の出兵でも、またまたお釈迦様に出会います。

王が四回目に出兵したときにもお釈迦様がいらっしゃったのですが、お釈迦様は、「これまでの三回は、私は釈迦族を救った。しかし、四回も攻め込まれるほどのことを、過去に釈迦族はしてしまったのだろう。これだけ因縁が深いということは、この釈迦族は滅びる運命にあるのだろう。ならば私はここから去ろう」

そうおっしゃると、その場から立ち去ってしまわれたのです。

結果、コーサラの軍隊は釈迦族に攻め入り、釈迦族は滅ぼされてしまいました。

しかし、恨みを晴らしたはずの王様は、それから七日後に亡くなります。しかも、台風がコーサラ国を襲い、王宮は雷に打たれて崩れ、国中が甚大な被害を受け、コーサラ国は崩壊してしまうんです。

釈迦族は嘘をつくことによって自分たちが滅んでしまうほどの悪業を積んだ。一方のコーサラ国も、武力にものを言わせて釈迦族から妃を迎えたことで、自ら滅んでしまうほどの悪業を積んでしまったんです。

どちらが正しいかではなく、自らが蒔いてしまった種が、数十年の時を経て、とんでもない実を結んでしまうこともあるんです。

皆様も自分の言動には十分お気をつけください。忘れたころにとんでもない結果がやってくることもあるのですよ。自分の都合だけで、安易な嘘などはつかぬことです。

第三章

成功に役立つ禅の教え

努力して待つ

夢を叶えるためにはいくつか大切なことがあります。努力したり、ご精進なさるのももちろん大切です。しかし、忍耐というのも、夢を叶えるためには必要なのだと思います。

仏教では「忍辱《にんにく》」と言います。屈辱を忍ぶという意味です。「六波羅蜜《ろくはらみつ》」という大事な教えの一つなのですが、簡単に言えば、我慢も大切だということです。本来、忍辱と我慢はまったく別のものですが、皆さんの生活においては、忍辱、つまり我慢も非常に大切だと理解されてよいかと思います。

織田信長、豊臣秀吉、徳川家康の気性をあらわすホトトギスの逸話は、皆さんもご存じですね。日本人が一番好きなのは、「ホトトギス、鳴かぬなら鳴かせてみせよう」と言ったとされる秀吉じゃないでしょうか。出生には諸説あるようですが、農民の子として生まれた秀吉が織田信長に仕えて努力を重ね、立身出世していく姿に、多くの日本人が共感したのでしょう。その秀吉の「鳴かせてみせよう」と努力する姿が皆大好きなのです。

でも、本当に成功したのは誰かと言えば、「鳴かぬなら、鳴くまで待とう」ができた家康です。機が熟していないのにごり押ししても、上手くはいきません。家康が成功できたのは、そのときが来るまで我慢したからなんです。機が熟すのを待つことができたから、天下統一という夢を叶えることができたのです。

何事にもタイミングというものがあります。タイミングがずれると、うまくいくものもうまくいかなかったりします。そのタイミング、つまり機が熟すのを待つというのはなかなか難しいものです。

特に、今の時代は何かとスピードが速くなったためか、腰を据えてただひたすらにそのときが来るのを待つことが苦手な方が多いように思います。そのときが来るまで努力し続けながら待つ「我慢の力」も、事を成し遂げるには大切なのです。

もう一歩だけ進む

「百尺竿頭《ひゃくしゃくかんとう》に一歩を進む」という禅語があります。これは、百尺もあるようなとても長い竿の先に立って、そこから一歩を進みなさい、ということです。

百尺と言えばだいたい三〇メートルくらいでしょうか。ビルなら八、九階くらいになるでしょう。その天辺《てっぺん》から一歩踏み出しなさい――これは落ちれば死んでしまう高さです。

もちろん百尺というのは「非常に高い」というものの喩えですが、百尺の棒の一番上まで登りつめるには大変な苦労があります。苦労して登りつめた頂点から、今度は一歩進んで落っこちなさいと言うんですから、そう簡単にできることではありません。

これはどういうことかと言いますと、悟りには、一番最初の悟り、二番目の悟りと、いろいろな段階の悟りがあります。その最後の、一番尊い悟りの境地にまで至ったら、そこからさらに一歩進みなさいと言っているのです。

一番尊い悟りというのは、自分が悟ってしまうことです。そこまでいけば仏になるのですが、「そこから一歩進みなさい」。つまり、苦労してようやくたどり着いた最高の悟りの境地から一歩進んで、今度は落ちて衆生の中に入り、困っている方々を救いなさい。そこではじめて最高位の悟りを開いたことが役に立つのだと言っているわけです。これが「百尺竿頭に一歩を進む」という言葉の本来の意味、お坊さんに向けられた言葉の意味です。

では、お坊さんではない皆様方に向けて解釈してみるとどうでしょうか。

たとえば、アスリートの方は、「これ以上は無理」という極限まで自分を追いつめていかれます。そこに限界をつくってしまうと、もうそこから記録は伸びません。つまり、自分で自分の限界を超えなければならない。そうなったときにはじめて、素晴らしい結果が出るのです。

アスリートでなくても、私たちは皆それぞれ日々の生活の中で、今できる精いっぱいのことをやったと思っています。でも、「もうこれ以上できないぞ」というところから一歩だけ進むことで、自分が決めた限界を超えられるのです。

私も含めて、どうも人間というのは楽なほうへ、楽なほうへと流されがちです。あらかじめ決めておいたところまで到達すると、そこで満足してしまうのです。

でも、そこに安住してしまったら、それ以上の成長はありません。

限界を少しだけ超える

野球のイチロー選手が、少年野球の子どもたちにお話しされた記事を読んだことがあります。

イチロー選手は子どもたちに向かって、「人の二倍、三倍、頑張ることなんてできないよね。皆も頑張っているからわかると思うんだけど、頑張るとしたら、自分の限界があって、その限界の中で、もうちょっとだけ頑張ってみる。これを重ねていくことが大事なんじゃないかな。それが三〇〇〇本安打につながってきたんだと思うよ」というようなことをおっしゃったそうです。

「人の二倍、三倍頑張る」と簡単に言いますけど、そんなことができるわけがありません。他の人も頑張っているのですから。人生というのは、自分との勝負です。他の人からすれば一二〇パーセントくらいの能力があるのに手を抜いたら、八〇パーセントの成果しか出せない。

その逆もあるでしょう。他の人からすれば六〇パーセントくらいの成績かもしれないけれど、本人的には一二〇パーセントの力を出しているのかもしれない。

結果としては、ポテンシャルの高い人が手を抜いた成果のほうが上かもしれません。でも、人とくらべなくていいんです。大事なのは「自分の限界」を超えていくこと。そういう経験をなさった方は、人生で非常に大きな財産を手に入れることができるのです。大切なのは、自分で限界を決めないことです。「今」に固執せず、今は通過点だと思えばよいのです。人は現状に不安を感じると「今ある目先のものを失いたくない」と保身に走り、前に進めなくなります。

でも、自分の可能性を信じて一歩前に進んでみると、余計な不安はなくなります。自分で自分の限界を勝手に決めずに、もう一歩足を進めてください。これを繰り返し続けることで、成長し続けることができるのではないでしょうか。案ずるより産むがやすし。もう無理だと思う前に、もう一歩、歩みを進める勇気をおもちください。

威張らない

「木鶏鳴子夜《もっけいしやになく》」という禅語があります。文字だけの意味を拾えば「木でつくった鶏は子《ね》の刻（夜中の一二時）に鳴く」となります。これじゃなんのことかわかりませんね。

昔、中国に闘鶏《とうけい》を育てる名人がいたそうです。ある国の王様がその名人に、ご自分の鶏を預けました。

名人が王様の鶏を見て言うには、「この鶏はまだまだ空威張《からいば》りをしています。これを一人前に育てるには、時間がかかります」。

しばらくして王様が鶏の様子を見に行くと、名人はこう言いました。「この鶏は他の鶏を見たり、声を聞くだけで興奮してしまうので、まだ時間がかかります」。

それからさらにしばらく後、王様が鶏の様子を見に行くと、今度は「この鶏は、相手の鶏をにらみつけてしまいます。まだ本物にはなっていないので、もう少し時間をください」と名人が言いました。

またしばらくして王様が鶏を見に行くと、名人は「もう大丈夫です。他の鶏を見ても興奮したり、威嚇したり、自分を強く見せようとすることがなくなりました。木でつくった鶏のようにじっと落ち着いており、無為自然でいられるようになりました。これでどんな鶏にも負けないでしょう」と言って、鶏を王様に渡されたそうです。

強い人間は虚勢を張らない

闘鶏で本当に強い鶏は、羽を膨らませて体を大きく見せたりして、相手を威嚇したりはしないのだそうです。「弱い犬ほどよく吠える」などとも言いますが、人間も同じでしょう。

皆さんの周りにもいるんじゃありませんか？　妙に威張ったり、威圧的に人と接したり、言葉汚く人を罵ったり、人をむやみに非難する方が。そういう方は、本当はとても弱い方なのかもしれません。自分の弱さを隠すために強がってしまうのです。

もっと肩の力を抜いて、今あるがまま、そのままの自分でいれば、何も強がる必要などありません。すごい人に思われたいとか、馬鹿にされたくないとか、周りの目を気にしすぎるから素直になれないのでしょう。

本当の人格者は虚勢を張ったり、人を威嚇したり、相手に惑わされたりはしません。どんな状況でも無為自然の心を保っています。一切の計らいもなく、無我無心で、肩の力が抜けて楽に生きていけるのです。これが本当に強い人間なのではないでしょうか。

失敗を恐れない

私たちにとって一見望ましくないようなことも、それが起きたということは、実は仏様の功徳《くどく》なのだと思います。たとえば、好きな方と別れてしまうことや、苦手な人たちと付き合っていかなければならないこと、ときに失敗してしまうことなんかも、仏様の功徳なのだと思うのです。

誰だってあえて失敗したいとは思いませんわね。私もできれば失敗はしたくありません。でも、本当によく失敗します。

修行僧のころ、天龍寺（京都）の管長様に抹茶とお菓子を出すときに、管長様の目の前でお菓子がコロコロっと転げ落ちたこともあります。

大事な法要で、鳴らし物の順番を間違ったこともあります。檀家さんのお通夜で法話をしたら、つい、いつもの癖で笑いをとってしまったこともあります。講演会を頼まれて頑張って原稿を書いて、練習をしたのに、うまく皆さんに伝わらなかったなんてこともよくあります。失敗を数え上げればきりがありません。

失敗したときはそれなりに落ち込みます。でも、一つひとつの失敗が必ず次につながりますし、時間が経てば笑い話にもなります。失敗の度合いが大きいほど落ち込みも激しいですが、大きな失敗をするほうが学びも大きいのは確かです。

逃げるのも手

失敗したり、挫折することで、「逃げどき」というのも身につきます。頑張って努力して、自分の限界を少しずつ伸ばしながら人は成長するのでしょう。

しかし、頑張りすぎると体も心も潰れてしまいます。過労死したり、働きすぎて病気になったという方が、残念ながらたくさんおられます。いじめで自ら命を絶つ方もたくさんおられます。真面目で責任感の強い方ほど、そういった悲劇に陥りやすいのではないでしょうか。

これ以上、頑張り続けたら自分がダメになってしまう……そう思ったら、逃げるのも一つの手です。自分が逃げ出してしまったことで、周りに迷惑をかけるかもしれません。でも、生きていればこそ、失敗も経験できるし、成功の喜びも味わえるのです。壮絶ないじめにあって身も心もズタズタになるくらいなら、学校に行かないという選択肢だってあっていいんです。

人生は歩み続けることが大事

人生に予行演習はありません。いつでもぶっつけ本番です。「明日、友達と京都に遊びに行くから、今日、練習で京都に来てみました」なんてバカな話はありません。いつもぶっつけ本番だから、失敗するのは当たり前なんです。人生というのは、ずっと続く旅のようなところがあります。旅行なら途中で道に迷うことだってあるでしょう。はじめは京都に行こうと思っていたけれど、気が変わって長崎に行ってもいいわけです。

旅を続けて、どこにたどり着くのかわかりません。こんなふうに生きていこうと思っていたけれど、突然、病気になるかもしれませんし、予想もしなかったことが起きて、破産することだってあるかもしれない。人生、何が起こるかわかりません。

　でも、どこにたどり着いてもいいんです。行き方もいろいろあっていい。飛行機で行く人も、鉄道で行く人も、車で行く人だっているでしょう。目的地が重要なのではなく、ずーっと歩んでゆくことが大事なんです。その瞬間、瞬間を味わいつくしながら、一歩一歩を踏みしめて歩んでいくことが、本当は大事なんだと思います。

　だから、失敗することを恐れず、途中で方向転換するのを恐れない、そうした柔軟性をもっておいたほうがよいと思います。むしろ、失敗をいっぱいしたほうが、人間としての幅が広がります。

　だからこそ、つらいことや悲しいこと、一見、自分にとって望ましくはないことも、仏様の功徳なのだと思うのです。

　棺桶の蓋が閉まるときに「いろんなつらいこともあったけど、自分の人生もなかなか楽しいもんだったなぁ」と思えれば、それが一番ではないでしょうか。

人智を超えた存在を知る

私が幼いころ、よく祖父とテレビで時代劇を見ていました。「お天道様に顔向けできないようなことはしちゃいけねぇ」なんていうセリフが時折出てきたものです。「自分以外の人間が誰も見ていなくても、お天道様はいつでもちゃんと見ているんだから、悪事を働いても必ずばれるぞ。だから、悪事を働いてはいけないぞ」という戒めの言葉だったのでしょう。

お天道様とはいいませんが、この世の中には、自分よりもはるかに偉大なものが存在することを、わかっておくべきだと思います。それを神様と呼ぶのか、仏様と呼ぶのか、あるいは自然の摂理と呼ぶのか、ともかく人智をはるかに超えた何かが存在することは、知っておいたほうがいい。

畏怖の念を失くしてしまうと人間は尊大になり、自分が神様にでもなったような気になります。そうすると、なんでもやりたい放題、言いたい放題になっていきます。

でも、自分よりもはるかに偉大なものが存在していて、その中で生かされていると思うと、謙虚にならざるを得ません。こうした宗教心というものはもっておられたほうが、人生が充実していくと思います。

宗教は人間らしく生きるため

世界中、どこの地域にも、その地域の宗教があります。日本にはもともと神道がありました。神道というのは、山や川、木々など、自然界のすべてのものに神が宿るという考え方です。これは日本人が自然に対して畏敬の念をもっていたからです。自然を神と呼んだのです。

ゾロアスター教や、ヒンズー教、ユダヤ教、キリスト教、イスラム教など、その地域によって独自の宗教が生まれましたが、どの宗教も、人間が人間らしく生きるために自分よりもはるかに大きな存在を認め、その中で生かされていると考えるに至ったのだろうと思います。

日本は地震大国で、昔から大きな地震が幾度となく起こってきました。阪神淡路大震災では多くの方が亡くなり、この鈴虫寺も大きな被害を受けました。最近では東日本大震災や熊本地震、北海道胆振《いぶり》東部地震で、多くの被害が出たのは記憶に新しいところです。

でも、人間にとっては大災害かもしれませんが、地球にしてみればちょっとクシャミをした程度なのでしょう。大自然を前にして自分自身を顧みたとき、「私は偉いんだ」「私はすごい技術をもっているんだ」「私は学歴が高いんだ」などと言ったところで、何をちっぽけなことをということになります。それをわかっておいたほうがいいんです。

神様や仏様、大自然など、人智を超えた存在に対しては、畏怖の念、畏敬の念を忘れないことが、人間が人間として生きていくためには大切なのだと思います。

大欲は無欲に似る

「夢をもちなさい」「しっかりとした目標をもって生きなさい」と言われた経験がある方も多いかと思います。でも、幼いころからしっかりとした夢や目標をもてる方って、ほんとは少ないいんじゃないでしょうか。幼いころからそうした明確な夢や目標をもてた方は幸せだと思います。

たいていは何となく小中学校を卒業して、高校に進学したころから、「さて、これからの将来、どうやって生きていこうかな」と漠然と考えるようになるんじゃないでしょうか。そこで何か見つけられたらその道に行くでしょうし、見つけられなかった方は大学などに進学して、興味を感じた企業や団体に就職なさるのでしょう。

実際には、大学を卒業したり、就職したりしても、目標や夢が定まらない方のほうが多いのかもしれません。

夢や目標は「執着」につながる

私は無理に夢や目標をもつ必要はないと思います。ただ、夢や目標をもつことで人生に張り合いが出たり、それに向かって頑張っていけるのも事実ですから、できれば夢や目標があったほうが、充実した人生を歩めるのかもしれません。

ただ、「私はこれがやりたいんだ」「これを手に入れたいんだ」という気持ちは欲望になり、やがて執着につながります。この執着が人間を苦しめる根本なんです。自分の思っている通りに夢や目標が達成できればいいけれど、だいたいはそうはなりません。

そこで大切になってくるのは、どんな夢や目標をもつかです。

金持ちになりたい。出世したい。大きな家に住みたい。高価な車に乗りたい。

そういうたぐいの夢や目標は、自分の利益だけを考えた小さな欲です。これは必ず自分を苦しめる原因になります。

どうせもつなら、もっと大きな夢や目標をもっていただきたいのです。

「大欲は無欲に似たり」という言葉があります。「大きな欲というのは、欲がないことに似ている」、つまり、自分の私利私欲、自分が得をするだけの欲ならば、それは小さな欲になります。一方、人の役に立ちたい、多くの人を救いたいという欲は、大きな欲になります。これは慈悲と言って仏様の欲なのです。菩提心《ぼだいしん》とも言います。あまりにも大きな欲であるために、欲がない無欲のようなものになるのです。

『四弘誓願《しぐぜいがん》』というお経があります。これは菩薩が修行に入る際に立てる四つの誓いです。

その一番初めに「衆生無辺誓願度《しゅじょうむへんせいがんど》」という句があります。意味は「生きとし生けるすべてのものを幸せにするために精進します」という誓いです。これがまさに大きな欲なのです。

「執着を捨てる」というのは簡単にできることではありません。しかし、執着が苦しみの根源なのですから、これをなくすには、大きな欲をもったほうがよいのです。

強い意志で臨む

華厳寺（鈴虫寺）は二〇二三年に開山三〇〇年を迎えます。二〇三八年には開山鳳《ほう》潭《たん》上人様の三〇〇年遠忌《おんき》を迎えます。

その記念事業として神戸淡路大震災で大きな被害を受けた本堂やその他の伽藍の整備をすることになっています。お寺としては非常に大きな事業になるでしょう。その三〇〇年の記念の年に、私は偶然にも住職を務めさせていただくご縁を頂戴しました。私は華厳寺の一〇代目の住職ですが、九代目と一一代目をつなぐ立場にいるだけにすぎません。一〇代目と言っても華厳寺の歴史から言えば単なる通過点にすぎません。開山和尚様から九代目まで受け継がれてきた華厳寺としての教え（法系）を一一代目にバトンタッチする役割です。

ですから一一代目以降の住職が、僧侶としての本分である皆様の救済に集中できる環境を整えるために、自分のできる範囲で伽藍や境内の整備をさせていただきたいと思っています。これは私欲ではありません。お寺のためということになりますが、お寺は皆さんを救済するために建てられた場所ですから、大きくとらえれば、皆さんのためにもなるのではないかと考えております。

三回目でかなった鉄眼禅師の夢

その昔、鉄眼道光《てつげんどうこう》禅師という方がおられました。大蔵経《だいぞうきょう》の版木を作られたことで非常に有名な方です。鉄眼禅師と華厳寺は非常につながりが深く、華厳寺を建立された鳳潭上人様は、鉄眼禅師の弟子にあたります。鉄眼禅師は、京都・宇治の黄檗山萬福寺《おうばくさんまんぷくじ》を建てた隠元《いんげん》禅師の弟子です。

鉄眼禅師は、当時、なかなか手に入らなかった大蔵経というお経を印刷したいと思い立ちました。印刷すれば多くの人に読んでもらえます。しかし、それには莫大な費用がかかります。鉄眼禅師は苦心して大金を集められたのですが、大洪水が起こりました。それで鉄眼禅師は、そのお金をすべて飢餓に苦しむ人々のために使ってしまわれたのです。そしてまた一から集められて、ちょうどたまったころに、今度は大飢饉が起きて、またすべてのお金を使ってしまわれました。

そうして三回目にしてようやく大蔵経の木版による印刷にこぎつけたのです。

何かことを起こそうとすれば、必ず問題が発生します。順風満帆で計画通りにことが進むなんてまずありません。そこで諦めれば終わりです。しかし、強い意志と覚悟をもってことに当たれば、きっと大きな問題も乗り越えることができるでしょう。

私の場合は偶然にも三〇〇年という節目の年に、住職という役職を頂戴しました。「偶然」と申しましたが、多くのご縁を頂戴して、節目の年に住職になったのだと思います。今自分が置かれた立場で、今自分がしなければならないことを一つひとつ丁寧にやっていくことで、三〇〇年の事業も無事に円成《えんじょう》できる（円満に仏の心を成就する）と信じております。

皆様も何かやりたいことや、やらなければならないことがあるのならば、自分を信じて、周りの方々のご尽力に感謝しつつ、ことに当たっていただければ、きっと無事円成できると思います。

結果は後からついてくる

禅の言葉に、「結果自然《じねん》に成る」というのがあります。これは禅宗の初祖である達《だる》磨《ま》大師が、二祖の慧《え》可《か》大師に与えた伝法の偈《げ》の中の一句です。偈の全文は、以下です。

吾本来茲土　(吾《わ》れ本《もと》、茲《こ》の土《ど》に来《きた》る)
伝法救迷情　(法を伝えて迷情《めいじょう》〈迷っている人々〉を救う)
一華開五葉　(一華五葉《いっかごよう》を開き)
結果自然成　(結果自然に成る)

【意味】

私がインドから中国に渡ってから、仏法を伝え迷っている衆生を救ってきた。一輪の花が五つの花弁を開き、やがて果実を実らせるように、人ももともとそなわっている仏性の清らかな五つの心智（五智※）を開花させれば仏果（悟り）も自ずから成就するだろう。

※五智とは大日如来に備わる、法界体性智《ほっかいたいしょうち》、大円鏡智《だいえんきょうち》、平等性智《びょうどうしょうち》、妙観察智《みょうかんざっち》、成所作智《じょうしょさち》のこと。

本来の意味は右の通りですが、皆さんの普段の生活で活かしていただくには、「結果にばかり意識がとらわれてはいけない」といったことになるかと思います。

幼いころ、「大きくなったら何になりたいですか？　将来の夢はなんですか？」と聞かれたことがあるでしょう。小さいころはサッカー選手になりたいとか、ケーキ屋さんになりたいとか、そのとき人気の職業を答えた方が多いのではないではないでしょうか。

もうすこし大きくなると、「受験に合格することです」「第一希望の会社に就職することです」と、答えが現実的になってきます。

社会に出てしばらくすると「今やっているプロジェクトが成功することです」「結婚することです」「子どもが欲しいです」と、さらに現実的になっていくんです。

目標に振り回されない

いくつであっても、その時々に夢や目標をもつのはよいことだと思います。夢や目標をもつことで、今しなければならないことが明確になりますから、その目標に向かって頑張ることができるでしょう。その反対に、夢や目標が定まらないとなんとなくその日その日を送ってしまって、なかなか人生に充実感を感じることができません。

しかし、あまりにもその夢や目標にこだわりすぎると、今度はそれが執着になり、ちょっとでも予定通りに進まなければ、イライラしたり不安になってきます。

「こんなに頑張っているのに、なんで自分は評価されないんだ」と妙な方向に怒りの矛先が向かい、嫉妬や恨みの心がわいてきます。逆にちょっとでもうまくいけば有頂天になり、自慢したり、傲慢になったりするものです。

郵便はがき

料金受取人払郵便

牛込局承認

9410

差出有効期間
2021年10月
31日まで
切手はいりません

162-8790

東京都新宿区矢来町114番地
神楽坂高橋ビル5F

株式会社ビジネス社

愛読者係 行

ご住所 〒 TEL:　（　）　FAX:　（　）			
フリガナ お名前		年齢	性別 男・女
ご職業	メールアドレスまたはFAX メールまたはFAXによる新刊案内をご希望の方は、ご記入下さい。		
お買い上げ日・書店名 年　月　日　市区 町村　書店			

ご購読ありがとうございました。今後の出版企画の参考に
致したいと存じますので、ぜひご意見をお聞かせください。

書籍名

お買い求めの動機

1　書店で見て　2　新聞広告（紙名　　　　　　　　）

3　書評・新刊紹介（掲載紙名　　　　　　　　）

4　知人・同僚のすすめ　5　上司、先生のすすめ　6　その他

本書の装幀（カバー），デザインなどに関するご感想

1　洒落ていた　2　めだっていた　3　タイトルがよい

4　まあまあ　5　よくない　6　その他(　　　　　　　　)

本書の定価についてご意見をお聞かせください

1　高い　2　安い　3　手ごろ　4　その他(　　　　　　　　)

本書についてご意見をお聞かせください

どんな出版をご希望ですか（著者、テーマなど）

夢をもったり目標をもつことは大切なことですが、それに振り回されてはいけません。今、目の前にあることを一つひとつ丁寧にやることが、一番大切なことなのです。一つひとつの積み重ねによって、結果は後から勝手についてくるんです。

上司に評価されたいと思って仕事をするのではなく、今すべき仕事をきちんとこなしていくことに、精一杯になればいいんです。それが評価されれば、それはそれで良し。それがなかなか評価されなければ、それはそれで良し。

他者から「褒めてもらいたい」とか「評価してもらいたい」というところに目標を置くから、息苦しくなってしまうのです。自分の行動の基準が他人の目になってしまってはいけません。

「只今」を精一杯生きることで、結果は後から勝手についてくるものです。

人を育てる

啐《そっ》啄《たく》同《どう》時《じ》という禅語があります。

雛鳥が孵化するとき、雛は「生まれますよ、生まれますよ」と、卵の殻を内側からコツコツと嘴《くちばし》で叩きます。これを「啐《そっ》」と言います。

そのとき、親鳥がそのままほうっておいたら雛は死んでしまうそうです。親鳥が「あ、生まれたいんだ」とわかって、外側からも嘴でコツコツと叩いて殻を割ってやる。これを「啄《たく》」と言います。

この親鳥と雛鳥のタイミングが合ってはじめて、雛が一つの命として誕生するのです。親鳥と雛鳥との阿《あ》吽《うん》の呼吸が大切なのです。

育てる側の力量も大事

この啐啄同時にまつわるお話が『碧巌録《へきがんろく》』という中国の書物に載っています。

昔、中国の唐に鏡清《きょうせい》禅師という方がおられました。その鏡清禅師のもとで修行をしていた僧が、あるとき、師匠に向かって「私は十分に悟りの機が熟しております。私は今まさに自分の殻を破って悟ろうとしています。どうぞ、外からつついてください」と言ったのです。

すると鏡清禅師は、「つついてやってもいいが、本当のおまえが生まれてくるのか」。修行僧は「私は、もし悟れなかったら世間に笑われます」と答えたものですから、鏡清禅師は「この煩悩まみれのたわけものめが」と一喝されたそうです。師は、まだ「そのとき」が来ていないことを見破り、つつくことをしなかったのです。

こうしたことは、何も禅僧にかぎった話ではないと思います。親と子、先生と生徒、上司と部下といった関係でも、似たようなことはあるでしょう。人を一人前に育てるには、育てる側の力量も求められるのです。

叱るほうも痛い

禅宗では、修行僧は坐禅中に警策《けいさく》という棒で叩かれます。何かしらヘマをしたときに、非常にきつく打たれることがあります。どのくらいきついかと言うと、警策が真ん中から折れることもあるんです。打たれたら痛いです。最初のころはそれが怖くて、びくびくしています。でも、慣れてくると、「叩くなら叩け」という気持ちになることもあります。

あるとき、警策を打つ側の人（修行道場では直日《じきじつ》や助警《じょけい》と呼ばれる修行僧）と話す機会があって、ふと見たら、手の皮がめくれていました。このときに気づいたのは、叩くほうも痛いのやということ。まぁ、叩かれるほうはもっと痛いですけどね。

それはともかく、憎くて叩いているわけではないんです。もしも怒りの感情に任せて叩いたなら、手元が狂います。とんでもないところに当たって骨が折れたりしたら、大事になってしまいます。ですから、叩く側の方は、思いっ切り叩いているように見えるけれども、ちゃんと冷静に叩いていらっしゃるんです。

怒りではないから、狙ったところを叩けるわけです。それくらい、「しっかりしろよ」という気持ちで叩いてくださっている。叩かれるほうも痛いけれど、叩くほうも痛い。このことを理解しないといけないと思います。

感情だけで怒ってしまうと、きっとそれは伝わりません。「もう少し頑張れ」という気持ちで叱ると、それは愛情になっていくんです。これは体罰を容認するということではありません。私たちが行うのは、双方が了解のうえでの僧堂における修行ですから、そこは意味が異なります。いくら愛情からでも、体罰はよくないことです。

叩くほうも痛い。叱るほうもシンドイということは、叱る立場にならないとわからないことかもしれません。けれど、叱られたこともないような人というのは、それもわからないわけです。

他人の上に立つ人の四つの戒め

中国に法演《ほうえん》さんという和尚様がおられました。お弟子さんが新しくお寺の住職になるにあたって「これを肝に銘じて、住職の務めをまっとうしなさい」ということで、四つの戒めを贈られました。

一、勢不可使尽　（勢い使い尽くすべからず）
　　使尽禍必至　（勢い使い尽くせば禍《わざわい》必ず至る）
二、福不可受尽　（福受け尽くすべからず）
　　受尽縁必孤　（福受け尽くせば縁必ず孤《こ》なり）
三、規矩不可行尽　（規矩《きく》行い尽くすべからず）

行尽人必之繁　（規矩行い尽くせば人必ずこれを繁《はん》とす）

四、好語不可説尽　（好語《こうご》説き尽くすべからず）

説尽人必之易　（好語説き尽くせば人必ずこれを易《あなど》る）

勢い使い尽くすべからず

若い方は〝若い〟というだけで、元気があり勢いがあります。また、若くなくても、あるグループや組織のトップ、責任者に任命されれば「よし頑張るぞ！」と気合が入ります。勢いがあり、気合が入ることは決して悪いことではありません。しかし、妙に肩に力が入りすぎて、勢いに任せて何でもかんでも自分の思い通りに、強引にことを進めてよいのかというと、決してそうではありません。

勢いに乗っている上り調子のときほど、十分すぎるほどの自制が必要なんです。上り調子のときは勢いが激しすぎて気分も高揚し、何をやっても成功するんじゃないかという気持ちになりがちです。しかし、そういうときに、知らず知らず敵を増やしてしまっているのです。上れば必ず下りがあるのは世の常ですが、実は上り調子のときに、すでに下落への種を蒔いているのです。それが「驕《おご》り」という種です。

上り調子で勢いのあるときほど謙虚になり、周りの意見に十分に耳を傾けるべきなのです。今の地位に任命されたのは、自分一人の力ではありません。自分の知らないところで、周りの方々が何かと助けてくださっていたからなのです。それを忘れず、周りの方々に対する感謝の気持ちをもち続けることです。決して傲慢にならないことです。

福受け尽くすべからず

人は、それぞれもって生まれた「福徳」というものがあるそうです。福徳とは、仏様のご加護の度合いであり、運の強さということかもしれません。

福徳が多い方もいれば少ない方もいます。幸運にもその福徳を多くもって生まれた者は、自分一人でその福徳を独り占めするのではなく、周りの方々に分け与えることを使命とすべきなのです。

自分一人で独り占めするようなことがあれば、必ず人はあなたのもとを離れていくでしょう。気がついたときには一人孤立してしまうことになります。使い切れないほどのお金があったとしても、家族や友人があなたのもとから離れて、一人で生きていくほど寂しい人生はありません。

規矩行い尽くすべからず

規矩というのは、決まりごと、ルールです。何ごとにもルールはあるけれども「これが決まりだ」とあまりにも厳しくやっていくと、皆、気がつまってしんどくなってしまう。ルールというものは多くの人間が集まったときに、皆がそれぞれ気持ちよく過ごすための一つの目安のようなものです。例外のない規則はありません。そのとき、その場に応じて、臨機応変に対処していくのが良いのです。

また、規則やルールというものは、それさえ守っていればよいのだという風潮を生んでしまいます。自発的にものを考えたり、行動する邪魔にもつながります。そうならないためにも、あまりにも規則規則と縛りつけないほうがよいのです。

好語説き尽くすべからず

「好語」というのは、素晴らしい教えのことです。素晴らしい教えというのは世の中にたくさんありますが、それをあまりにも事細かに解説してしまうと、本当の素晴らしい言葉の意味が消えてしまい、もともとの味わいがなくなってしまう。聞いた相手が自分で考えて、自分の経験に照らし合わせたりしながら、自分自身で理解していくようにしないと、素晴らしい教えも半減してしまうということです。

法演和尚様は、新しく住職になる弟子にこの四つの戒めを伝えたのですが、実は私も一〇代目の住職になるときに、この四つの句を執務室の壁に飾らせていただきました。

この戒めは企業の責任者、あるいは部下をもつようになった方、また人を指導する立場にある方にも当てはまると思います。どうぞこの四つの戒めを大切にして、後進を導いていただきたいと思います。

第四章

強く生きる禅の支え

天上天下《てんじょうてんげ》　唯我独尊《ゆいがどくそん》

――自分に自信をもつ

四月八日は花祭りです。お釈迦様のお誕生日ですね。お寺でも花祭りの法要を行います。ところが皆さん、クリスマス（イエス・キリストの降誕の日）はよく知っていても、お釈迦様のお誕生日はあんまりご存じないんですね。

境内に「花祭り」と書いた幟《のぼり》を立てていますと、春という時期もあってか、ご年配の方でも「『桜まつり』はどこでやっているんですか」と尋ねられることがよくあります。その度に、少し寂しい気がします。

お釈迦様の本名はガウタマ・シッダールタです。釈迦族の生まれであったのでお釈迦様と一般的には呼ばれています。諸説ありますが、お釈迦様がお生まれになったのは今から約二五〇〇年ほど前です。お母さんであるマーヤー夫人が出産のために里帰りをする途中、ルンビニ園で休憩されました。そのとき、急に産気づいてガウタマ・シッダールタを出産されたのです。

その生まれたばかりのガウタマ・シッダールタが急に立ち上がり、東西南北にそれぞれ七歩歩んで、右手を天に向け、左手を地に向けて、「天上天下《てんじょうてんげ》　唯我独尊《ゆいがどくそん》」とおっしゃったそうです。冷静に考えると、生まれたての赤ちゃんが立ち上がって歩くだけでもびっくりなのに「天上天下　唯我独尊」なんて言い出したら、かなりびっくりです。

でも、まぁ、お釈迦様のことですから、それもええでしょう。

あなたは唯一無二の存在

ここで大事なのは「天上天下　唯我独尊」の意味です。実はこの解釈にも諸説あるんですが、坊さんである私としては「この世の中にはたくさんの人がいる。その一人ひとりが特別な存在であり、唯一無二の存在である。だからこそ、それぞれの人は皆平等に尊い存在なのだ」と解釈したいのです。

世界中どこを探しても自分とまったく同じ人間など存在しません。皆それぞれ違います。だからこそ、ご自分に自信をもっていただきたいと思うんです。

お寺にいますと、よく「自信がないんです」という相談を受けます。今までどのような生き方やご経験をなさってきたかわかりませんが、人は一〇年生きたら一〇年分の歴史をもち、四〇年生きたら四〇年分の歴史をおもちなわけです。それ以下でも、それ以上でもありません。皆さんそれぞれ、一人ひとり尊い存在なんです。

これまで生きてこられたのですから、それだけで一つの自信にされたらよろしい。何十年間の歴史、それをそのまま正当に評価されればいいのです。

妙に自信をなくす必要もないし、自信過剰になる必要もないのです。自分に自信をもちすぎると傲慢になり、人を見下して傷つけてしまいます。逆に自信がなさすぎると、卑屈になって自分を傷つけてしまうことにもなります。

自信というのは、意図的に何かをしてつけるというものではありません。後から勝手についてくるものなんです。一日一日、いろいろなことをやってこられて、その結果として自信がついて、「これはできる」「これはできない」といったことがわかるようになります。

ある年齢まで生きてこられたら、できることにはそれなりの自信をもっていらっしゃるでしょうし、できないこともわかっていますから、その部分には自信がないということもわかっている。それでいいんです。人それぞれ得意なことと、苦手なことがあります。同じではないんです。

皆一人の人間としてこの世に生まれた。それだけで尊い存在なのですから、ご自分に自信をおもちになられればよろしい。無駄に卑下する必要もありませんし、無駄に驕る必要もありません。

天上天下　唯我独尊。皆それぞれ尊い存在なのです。それだけで自信をもっていただきたいのです。

ちょうどええ加減 ——中道《ちゅうどう》

「中道」、これは禅宗に限らず、仏教で非常に大切にされる考え方です。

簡単に説明するのは難しい教えなのですが、あえてやさしく言うと、仏様の智慧、つまり、仏様の教えというものを拠り所にしながら、俗世間を生きていきなさい、ということです。

これをもっと噛み砕くと、「いいかげん」ということになるでしょうか。それでも、「中道とは、いいかげんです」と言ってしまうと、これはこれで語弊があります。「いいかげん」という言葉は、どうしても、適当、無責任という意味が感じられるからです。そうではなく、「いい塩梅」「ちょうどいい加減」ということです。

お風呂も食事もええ加減が一番いい。「ちょうどいい湯加減」「ちょうどいい塩加減」なんて言います。

熱めのお風呂が好きな人もいれば、少しぬるめが好きな人もいます。でも、あまりにも熱すぎるとお風呂に入れない。無理に入れば、リラックスできません。ぬるすぎれば、風邪をひく。

食事も、濃い味が好きだと言って塩を入れすぎれば塩辛くて食べられないし、無理に食べれば体を悪くする。塩を減らしすぎれば、味がぼやけて美味しくない。

ちょうどええ加減が、ちょうどええ。

ところが、この「ちょうどいい加減」というのは、非常に難しいんです。

バランスをとりながら生きる

人間は心身が安定していて穏やかなときには、「ちょうどいい加減」のバランスをうまくとりながら生きていけるものです。

でも、病気をしたり、精神的に追いつめられたりすると、どうも極端に走る傾向があります。必要以上にがむしゃらに頑張ってしまったり、その反対に虚無的になって、何もしなくなってしまったり。あるいは、自分の考え方に妙に固執して、相手を受け入れられなくなったりするもんです。

頑張りすぎると、当然、体と心を壊してしまいます。「自分はこんなに頑張っているのに、なぜ……」という考え方に陥り、そこから嫉妬や恨み、憎しみといった感情が生まれてきます。特に、何か目標があって頑張っていらっしゃる方、夢をもって頑張っていらっしゃる方は、頑張りすぎる傾向があります。その結果、こうした感情にとらわれてしまいやすいのです。

そんなふうにならずに、バランスをとりながら生きていくことが大切なのです。この「ちょうどいい加減」「ちょうどいい塩梅」で生きていくのが非常に大切なんですよというのが「中道」の教えです。

ただし、人間の価値観でものを考えていくと「ちょうどいい加減」の軸がぶれてしまうので、「仏様の教えを拠り所にして」という条件がつくのです。

大阿呆《おおあほう》になる

たいていの方は、賢くなるために頑張って勉強しますよね。

今の時代は有名な幼稚園に入るためにほんとに幼いころから勉強する方がおられます。小学校、中学校、高校、大学と、生まれてから二〇年くらい勉強漬けです。社会に出ても昇進するためや資格を取るためにずっと勉強し続けます。

努力して理論を学び、多くの知識を身につけ、理屈でものを考えるようになっていきます。そうやって分別を覚えていくのでしょう。

しかし、実際の世の中は理屈通り、計画通りにことが進むなんてまずありません。

不条理なことや理不尽なことを経験しなければならないときもあります。

地震や大雨といった災害に見舞われることもあります。

突然、とんでもない大病を患うことだってあります。

そんな好ましくないことが起こったときに、いくら「嫌だ嫌だ」と泣き叫んでも前には進みません。よいことも嫌なことも、現実を現実として受け入れていくしか、前に進む方法はないのです。

じゃ、どうすれば現実をあるがまま受け入れられるようになるのか。

その答えが「大愚」です。要は、「大阿保になりなさい」ということです。

ちょっとやそっとの阿保じゃダメなんです。阿保を突き抜けて大阿保にならないと、あるがまま、そのままを受け入れることはできません。

良寛さんの手紙

昔、現在の新潟のほうに良寛さんという偉い和尚さんがおられました。

あるとき、良寛さんの暮らしているあたりで大きな地震があったそうです。幸いにも良寛さんの住んでいた地域は被害が少なかったそうですが、良寛さんの友人が暮らしていたところではかなりの被害が出たそうです。

それを心配した良寛さんが、友人に向けて一通のお手紙を書かれました。その中に、「災難に遭わなければならないときには災難に遭いなさい。死ななければならないときには死になさい。これが災難に遭わないための方法ですよ」と書かれていたそうです。

「思惑」にとらわれない

人はそれぞれ、「思惑」というものをもって生きています。「ああなればよいな」「こうなればよいな」「ああして欲しいな」「こうして欲しいな」。こうした思惑が邪魔をして、現実をありのままに受け入れられなくしているのです。

逆に言えば、「ああなればよいのに」「こうなればよいのに」という執着を捨ててはじめて、現実をありのまま、そのままに受け入れることができるようになるのです。

これが「大愚」なのです。

大馬鹿者になって自分の執着を越えていくのです。「無我」の境地です。我を捨てて、自分にとって都合がいいとか悪いとかといった境界をなくしてしまえば、ありのまま、そのままを、素直にすっと受け入れられるようになります。そのとき、本当の心の平安が得られるのです。

頑張って努力して、勉強して身につけた理屈や理論をすべて超えていくのは、簡単なことではありません。でも、大愚を身につければ、何が起こっても穏やかな境地でいられるのではないでしょうか。

どうぞ、頑張って大阿保になってください。

受け入れる

正月の時期にいつもさせていただくお話があります。これは一休さんがおっしゃったという説もありますし、仙厓禅師《せんがいぜんじ》がおっしゃったという説もあります。一休さんのイメージにぴったり合うので、一般的には一休さんのエピソードということになっているようですが、本当のところは仙厓禅師の逸話のようです。ここでは一般に言われている一休さんのエピソードとしてお話しします。

ある豪商のご主人が、一休さんのところに新年の挨拶に行かれました。

ご主人は、「昨年、実は孫が生まれまして、去年はほんまにええ年になりました。この勢いで今年もええ年にしたいと思いますんで、一休さん、何かめでたい句を書いてもらえませんか。掛け軸にして家宝にしたいと思いますんで、お願いできますか」

とおっしゃったそうです。それを聞いて一休さんは「そうかそうか。孫が生まれたか。それはめでたいな。そういうことなら、めでたい句を書いたげよう」と言って、さらさらとお書きになった。それが「親死ぬ、子死ぬ、孫死ぬ」という言葉だったんです。

それを見た豪商の主人は非常に驚いて、「めでたい句をとお願いしたのに、『親死ぬ、子死ぬ、孫死ぬ』ではあまりにもひどすぎます。もっと別なのを書いてくださいな」と言いました。一休さんは「これあかんか。わしはええと思うんやけど、あかんにゃったら仕方がないな。書き換えるから、ちょっと待ってくれ」とおっしゃった。

そして今度書かれたのは、「孫死ぬ、子死ぬ、親死ぬ」。

これを見た豪商は腹を立て、「『親死ぬ、子死ぬ、孫死ぬ』なら、まだ順番からしてものの道理。しかし、『孫死ぬ、子死ぬ、親死ぬ』とはとんでもない！　先に孫が死んで、続いて子が死んでしもたら、残った親はどうしたらええんや。これはあまりにもひどすぎる」と大変立腹された。一休さんは涼しい顔で、「そやろ。これにくらべたら、『親死ぬ、子死ぬ、孫死ぬ』のほうがめでたいやろ。そやから、これを持って帰り」とおっしゃった。そういう話が残されています。

現実を受け入れる

この話で一休さんは何を言いたかったのでしょうか。

「物事には順番があり、その順番が狂うと世の中はめちゃくちゃになってしまう。だから、物事が順番通りきちんと進むように、用意周到にしておかなければならない」ということを言いたかったのか。いえ、決してそうではないのです。その逆なんです。

物事は、順番通り、順序通りに進んで行くのが理想だけれど、実際の社会ではそういうことはほとんどない。孫が先に死んだり、子が先に死んだりするというのはよくある話で、それが現実であって、理屈通りに物事が進むことなんて、ほとんどないんだということをおっしゃりたかったんです。

では、物事の順番が狂ったときに、どうすればよいのか。「これが現実だ」と言われても、その現実はあまりにひどい。しかし、これは「受け入れる」しかありません。抵抗すれば抵抗するほど、苦しみは倍増していくのです。覚悟を決めて現実を受け入れたときに、ようやく次の一歩が踏み出せるのです。

生きるための覚悟をする

以前、あるお医者さんから講演の依頼がありました。癌患者の方やそのご家族を対象とした講演です。

そのとき、一度はお断りをいたしました。と言いますのも、私は今のところ幸いにも癌という病気を経験したことがありません。自分は経験したことがないのに、実際に癌で苦しんでいる皆様の前で話をする覚悟も知識も、経験もありませんでした。まだまだ未熟な修行半ばの坊さんが、生きる死ぬのといった大きな問題を、皆さんの前で偉そうにお話しする気になれなかったんです。

でも、お医者様から随分熱心に口説かれまして、渋々お引き受けいたしました。

そのときお話ししたことは、「覚悟をもってください。死ぬための覚悟ではなく、現実を受け入れる覚悟をもってくださいということでした。

「現実を受け入れる覚悟」というのは、「生きるための覚悟」に他なりません。でも、そんな簡単に、覚悟なんてできませんよね。

じゃ、覚悟が決まるまで、自分が納得するまで抵抗してください。抵抗して、抵抗して、「嫌だ。嫌だ」と泣きわめいて、友達や家族に当たり散らしたらいいんです。

人間は弱い存在です。そこまでしなければ現実を受け入れられないんです。散々抵抗して、ようやく現実を受け入れる覚悟ができるのです。

その覚悟が決まれば、後は強いものです。現実を受け入れれば、さてどうしようかと一歩前に進むことができるのです。こんなことを中心にお話しいたしました。

正岡子規が見出した「悟り」

私が二〇代の後半に天龍寺の修行道場に入る際、師匠をはじめ多くのお坊さんから「覚悟を決めなさい、腹をくくりなさい」とアドバイスをいただきました。

修行道場というところは、もともと死を覚悟して入るところだったようです。昔のお坊さんが道場に入るときは、遺書をしたためて出家されました。そのくらいの覚悟がなければ、悟ることはできないのでしょう。

修行道場に入るにあたって、まずは最初の二日間、庭詰めをします。玄関先で二日間頭を廊下につけて、じっと坐るんです。

それから旦過詰《たんがづめ》と言って、旦過寮という小さな部屋に通されます。そこで三日間坐禅をします。それが終わるとようやく修行道場への入室を許され、本格的な修行が始まります。

覚悟を決めずになんとなく、寺の跡継ぎだからと仕方なく来た方は、この五日間の間に逃げ出していくこともあります。

正岡子規という有名な文学者が、「禅の悟りとは、いつでも、どこでも死ぬる覚悟のできることだと思っていたが、よく考えてみると、それは大変な誤りで、いかなる場合でも、平気で生きることであることがわかった」とおっしゃっています。

つまり、「禅宗の修行というものは、死ぬための覚悟をすることではなく、よりよく生きるためのものであることがわかった。人は死ぬために生きるのではなく、死ぬ間際になって人生に悔いを残さないために、そのときを懸命に生きることが大切なのだということがわかった」とおっしゃっているわけです。

覚悟というのは何も禅宗の坊さんだけの特権ではありません。豊かな人生を送ろうとするなら、生きるための覚悟をしっかりもつことが必要なのだと思います。

ほほえみは微笑みを生む

私がお坊さんになりたてのころ、ある尼さんがお寺に来られました。まだまだ右も左もわからない私に、「ほほえみは微笑みを生む」と色紙に書いてくださいました。「和顔」、にこやかな笑顔の大切さをわかりやすく教えてくださったのでしょう。

笑顔は人に安らぎと元気を与えます。笑顔で人に接していると、ムスッとしていた方も、次第に顔の表情が緩んで笑顔になられます。

お坊さんといっても人間ですから、いつもいつも楽しい気分でいられるわけではありません。つらいときもあります。ニコニコしながらも、心の中は悩み事や心配事でいっぱいになっているときだって、たまにはあります。

でも、「ほほえみは微笑みを生む」ということをつねに意識しています。そうすると不思議なもので、悩み事も心配事も、少し軽くなっていきます。笑顔は他人だけではなくて、自分の心も楽にしてくれるのでしょう。

つらいときほど、笑顔で

顔の表情には、その方の心持ちがあらわれます。元気な方は顔の表情も明るく、からだ全体からエネルギーがあふれ出ているような感じがします。そういう方の側にいると、こちらも元気になって、考え方も前向きになっていきます。

逆に、何かに悩んでいたり、日々の生活に疲れている方は表情も暗く、覇気もありません。そういう方の側にいると、こちらの元気も吸い取られていくような気がします。お寺にそうした疲れた表情の方が来られると「大丈夫かな？」と心配になり、少し声をかけさせていただきます。

皆さんの普段の生活でも、覇気がなくムスッとしている人には、好き好んで近づきたくはないですよね。こういう方は、自分で縁を遠ざけているのです。自分で貧乏神を引き寄せているようなものです。「不機嫌は公害だ」という言葉を聞いたことがありますが、まさにその通り。いつもイライラして人を非難してばかりいる方がいれば、こちらまで嫌な気分になってきます。

ですから、「つらいとき、しんどいときほど、よく笑いなさい」といつも皆さんに申し上げています。笑っても今の悩み事が解決するわけではありませんが、笑うことでカチカチになった心がほぐれてきます。すると、今まで見えなかったことが見えてくるようになります。

つらいときはどうしても内にこもってしまいます。外出が減って、人と会うことが億劫になります。でも、そういうときほど笑顔を絶やさず、なるべく人と会うようにしたほうがよいのです。つらいから、悲しいからといって、悲しい顔をして落ち込んでいれば、ますます元気がなくなり、心も硬くなっていきます。

つらいときほど、悲しいときほど、笑顔を絶やさず、人となるべく会うように心がけてください。人が集まれば、それだけで縁が増えます。縁が増えれば物事は起こりやすくなります。そうすると、夢や願いも叶いやすくなるでしょうし、悩み事の解決の糸口が見つかるかもしれません。

笑顔は、相手に安らぎと元気を与えるだけではなく、自分も元気にしてくれます。

人生を豊かに過ごすための特効薬だと思います。
ぜひ、「笑顔は笑顔を生む」、これを日ごろの生活の中で実践してみてください。

夢にあらわれたお地蔵様

京都には各宗派の本山をはじめ、多くのお寺があります。国宝や重要文化財など素晴らしい仏様や立派な庭園、襖絵などを所蔵しているお寺もたくさんあります。

そういった素晴らしい文化財や庭園を鑑賞するために、多くの方がお寺に行かれることでしょう。

私も時間の空いたときには、宗派に関係なくお寺にお参りさせていただきます。「こんなところにこんな素晴らしいものがあるのか！」と驚くことも多々あるのですが、ただ、そこでいつも思うのが、ほとんどの方が仏様に手を合わせることもなく眺めておられるだけだということです。

仏像を信仰の対象ではなく、美術品としてご覧になっておられるのでしょう。名の通った仏師の方が彫られた仏様も、名前も知らない方が彫った小さな仏様も、当初は皆さんの篤い信仰であがめられてお奉りされてきたものです。

それがいつからか、美術品の一つとしてご覧になる方が増えてきました。

有難いことに、こちらにお奉りしている幸福地蔵菩薩様には、ご参拝者のほとんどのお方が手を合わせていかれます。

以前、あるご夫婦が憔悴しきった様子でお参りに来られました。あまりにも取り乱されている様子だったのでお話をお聞きすると、先日、娘さんが交通事故に巻き込まれて意識不明で病院に運ばれたそうです。入院先の病院で、ある方から、こちらにお奉りしている幸福地蔵菩薩様のことをお聞きになったそうです。藁にもすがる思いで娘さんの快復を願ってお参りに来られたとのことでした。

数か月後、ご夫妻が娘さんと一緒にお礼参りにお越しになりました。ご夫婦がお参りに来られたその日に、娘さんの夢の中にお地蔵様がお越しになられたそうです。次の日に意識が戻り、順調に回復されたとうかがいました。

これがお地蔵様の御利益なのかどうかは私にはわかりません。でも、そういったお話を以前にも何度かお聞きしていたので、そういうこともあるのだろうと思います。

仏様への恩返しを

お寺には毎日多くの方が、それぞれの願いを叶えてほしいとお地蔵様のところにお参りに来られます。良縁を願う方や子授けを願う方、長年の夢を叶えたいと来られる方、病気平癒や人間関係での悩みの解決などさまざまです。

こういった一つ一つの願い事を取り上げれば、それは確かに欲望でしょう。その欲望を満たすために仏様に現世利益を願うのはいかがなものか……と、疑問を呈される方もおられるかもしれません。

しかし、実社会で生きていれば、自分自身の努力だけでは何ともならず、何かにすがりたいと思うことはあるものです。仏様に願いをかけることでそれが希望となり、前向きに生きていけるようになるのも事実です。現世利益を願うことが仏教に興味をもたれる入口になるのであれば、それはそれで結構なことだと思います。

出口の見えない悩みの中で一筋の光明を求め、それが入口になって仏教の教えに興味をもち、仏法を極めていく。何事にも「はじめ」というものがありますから、現世利益を求めることが入口となってもよいのだと思います。

しかし、それで終わってしまうことを、お地蔵様、仏様は願ってはおられないと思います。願いを叶えていただくことで、仏縁を結び、仏法に触れ、それを日々の生活の中で活かして正しい生活を送られることを、きっと仏様は願っておられるのだと思います。

仏様に願掛けをなさることは結構です。しかし、自分の欲を満たすだけではなく、仏様の願いを叶えるために精進していくことも忘れてはいけません。

地蔵菩薩をはじめとする「菩薩」という仏様は、私たち迷える凡夫を救うために修行なさっている仏様です。救ったからといって見返りなどは求められません。

とはいえ、私達人間は自分たちの欲を満たすことばかり考えるのではなく、菩薩様の願いを叶えるために正しく生きていくように心がけることが大事なのではないでしょうか。これがいつも私たちを見守ってくださっている仏様への恩返しになるのだと思います。

命を磨く

仏教では、皆さんお一人おひとりに仏性があると考えます。仏性というのは、仏様になるためのタネのことです。如来蔵《にょらいぞう》などと言ったりもします。皆さんお一人おひとりが〝仏様になるための種〟をもっていらっしゃるのですが、欲望などが邪魔をして、なかなか発芽しないのです。

私たちの命というものは、仏様からの授かり物です。預かり物といったほうが正しいかもしれません。預かっているから、亡くなるときには、また仏様にお返しするものなのです。

一人ひとりの人間には命というものがあり、それはご先祖さまから脈々とつながっています。ご先祖様の一人でも欠けていたら、今の自分は存在しません。

これはよく考えると奇跡的なことなんです。何千年も前からの命が脈々と続いて、たまたま自分がこの世に存在している。何が起こるかわからない世の中にもかかわらず、連綿と命が受け継がれて、そして自分がいる。

世界にはいろいろな宗教があります。仏教以外に神道、ユダヤ教、キリスト教、イスラム教、ヒンドゥー教などなど。その中でも、特に世界宗教と呼ばれるのは仏教、キリスト教、イスラム教です。

それぞれに特徴がありますが、仏教はある意味、特殊な宗教ではないかと思います。と言うのも、仏教は「仏様」を信仰の対象としていますが、他の宗教はおおむね「神様」を信仰の対象としているからです。

皆さんはあまり気にされていないかもしれませんが、神様と仏様には大きな違いがあります。神様とは、創造する神です。人間も含め、あらゆるものを創り出す絶対的な存在が神様です。一方の仏様は、ものを創造したりはしません。お釈迦様は世の中の仕組みを明らかにされたのです。

仏教は、「なぜ人は苦しまなければならないのか」というお釈迦様の問いから始まりました。仏教は苦しみの根源には「欲望」があり、自分の思い通りにならないことが苦しみの原因なのだと説きます。

では、それをなくすためにはどうしたらよいのか。それはなぜ起こるのか……。こうした仕組みをお釈迦様は説かれていきました。

その仕組みを正しく理解し、修行や善行を積むことによって、輪廻の苦しみの連鎖から抜け出す方法を説いたのが、仏教の教えなんです。

キリスト教やイスラム教は違います。絶対的な存在の神様がいて、その神と契約を結ぶわけです。ユダヤ教での神様との契約が『旧約聖書』であり、キリスト教ではそれが『新約聖書』です。

イスラム教の聖典『コーラン』は神様との契約ではありませんが、絶対的な神であるアッラーの言葉がムハンマドへの啓示としてまとめられ、皆が守らなければならない戒律が記されています。

神との契約に違反すれば、神から罰が下されます。神は唯一絶対の存在であり、人間はどんなに頑張っても、神様にはなれません。しかし、仏教では「精進すれば、誰でも仏様になれる可能性がある」と説きます。この差は非常に大きいんですね。

よく「仏罰が当たる」などと言いますが、実際には当たることはありません。仏様とはどんな契約も結んでいませんし、仏様はもともと困っている人を救おうとする慈悲の心から始まっています。悪いことをしたからと言って罰を与えたりはしません。

悪事を働いた方には、そうせざるを得なかった事情や、自分ではどうしようもない生まれや育ちといった背景があったのでしょう。その事情を無視して事実だけを取り出し、悪いことをしたから仏罰を与えるというのでは、人々を救えません。

命は仏様からの預かり物

仏教では、「仏性」と言って、〝仏様になるための種〟が皆さん一人ひとりに備わっていると考えます。「あなたの中にも仏性があるのだから、仏様になれるように努力しなさい」ということで、私たちは命を預かっているのです。

仏様から預かったこの命を、生きている間にきちんと使うことで、仏様になれる可能性が高くなるのです。もしかしたら仏様になれるかもしれないし、精進が足りなければ、なれないかもしれません。残念ながら、たいていの場合はなれませんけどね。

仏様から預かった命ですから、粗末にしてはいけないんです。自ら命を絶つなどということも、本来は許されないことです。けれど、仏様のことですから、どうしても自分で命を絶たなければならなくなった人に対して、罰を与えることはありません。

しかし、他人の命を奪うようなことは、絶対に許されません。自分の思い通りにならないからと言って暴力をふるったり、殺してしまったり、言葉の暴力で精神的にいじめたり、そういったことは許されないことです。

自分も〝仏になるための種〟をもっているけれど、周りの人もみな、〝仏になるための種〟をちゃんともっている貴い存在なんです。それを傷つけることは許されないのです。それぞれに敬意を払って、尊重し合いながら生きていくことが大切なのです。

自分は唯一無二の存在です。ですから、自分は特別な存在であるかのように思ってしまうときがあります。でも、そうじゃない。周りの皆さんも、自分同様、唯一無二の存在なんです。自分を大切にするのと同じように、相手も大切にしなければいけないのです。人には仏性というものがあるから、それを大切に育てていかなければならないのです。皆さん、それぞれの種を育てていっていただきたいと思います。

人との出会いを大切に

私が大学院を修了して天龍寺の修行道場で修行を始めてしばらくしたころに、親しかった後輩が自ら命を絶ちました。本当の理由は彼にしかわかりませんが、一つには卒論がうまく書けなかったことがあるらしい。彼は大学院に進みたいという希望をもっていました。卒論が書けないということは、彼にとっては取り返しのつかない問題だと思えたのでしょう。

でも、冷静に考えてみれば、それが死ぬほどのことでしょうか。いえ、決してそんなことはない。一年留年して論文を仕上げればよいではないか。あるいは、どこかに留学してもいい。もっと他の道だってあるかもしれない。他人から見れば、そのように思います。

しかし、そのような見方ができるのは、まだ心に余裕があるときなのです。人間というのは悲しいもので、追い詰められてにっちもさっちもいかなくなると、自分一人の力で心のもち方を変えることができなくなります。

それはなぜかと言えば、頭でばかりものごとを考えすぎるからなのです。ああでもないこうでもないと理屈をこねくり回してしまい、頭と心がパンパンになってしまう。そうなると、当然、からだも動かなくなります。やがて、どうしようもなくなって、自ら命を絶ってしまう。

傍からすれば、「なんでこんなことで……」という理由で命を絶ってしまう人がたくさんおられます。他人は冷静に見られますから、「そんなのは逃げればいいじゃないか。まだほかにも方法はたくさんあるじゃないか」と思うのですが、追い詰められてしまうと、なかなかそのようには考えられないものなのです。

「人間は一人では生きてはいけない」と言いますが、その理由はこういうところにあるのでしょう。

禅語に「我逢人《がほうじん》」という教えがあります。「我、人に逢うなり」です。人は、人に逢うことによって多くのことを学びます。

自分一人の小さな世界に閉じこもっていれば、非常に狭い考え方しかできません。けれど、人と逢うことで、違うものの見方ができるようになります。皆様の中にも、困っているとき、悩んでいるときに、他人のちょっとした一言に助けられたという経験をしたことがある方も多くおられるでしょう。

ただ、残念ながら私の後輩であり、友人であった彼は、そのちょっとした一言に出会うことができずに、自ら命を絶ちました。

人と出会うことで、嫌な思いや悲しい思いをすることもあるでしょうが、人を救ってくれるのも人間です。自分一人の力ではどうしようもなくなったときに、自分を引っ張り戻してくれる家族や友人、周りの方々の存在は必要なんです。

順風満帆に物事が進んでいるときにはなかなか気がつかないことですが、人間は弱い生き物なのだということを肝に銘じておかれたほうがよろしいでしょう。窮地に追い込まれてから気づく前に、どうか皆さん、日ごろから人と人との出会いを大切になさってください。

依存せず、支え合う
――自灯明《じとうみょう》　法灯明《ほうとうみょう》

二月一五日はお釈迦様が亡くなられた日です。涅槃会《ねはんえ》と言って、多くのお寺で法要が営まれます。お釈迦様が横になり、その周りに天の神々や弟子、動物や昆虫などが集まり、悲しんでいる様子が描かれた「涅槃図」を、皆さんもご覧になったことがあるかと思います。

お釈迦様は亡くなる際に「自灯明　法灯明」という教えを説かれました。弟子のアーナンダが「お釈迦様が亡くなった後、何を拠り所にすればいいのでしょうか」と質問したのに対して、お釈迦様が示された教えです。

自灯明とは、「他者ではなく、自分自身を拠り所として生きなさい」ということです。何が起こるかわからない社会という暗闇の中で、他者に依存するのではなく、自らを信じ、自らを灯明として歩むことが大切なんだと、お釈迦様は教えてくださっています。

もちろん、「自分の好き勝手に、自分の本能の赴くままに生きなさい」とおっしゃっているわけではありません。「自分の中の仏性を磨き、自分の中の仏様の心を灯明として生きなさい」という教えです。

法灯明とは、「真理（仏法）を拠り所として生きなさい」ということです。仏教で言う「法」とは、「憲法」や「法律」といった人間がつくった決まり事ではなく、世の中を動かしている縁起などの真理のことです。その真理を拠り所にしなさいと、お釈迦様は示されていたのです。

人は依存しがちなもの

皆さん、子どものころはたいてい親に依存しながら生きているでしょう。成長し、経済的にも年齢的にも自立するころになると、親への依存は次第に減ってきます。

ところが、親への依存が減っても、今度は恋人や友人に依存する方もおられます。それがときに非常に煩わしく、重荷になったりして、相手の方が離れていくことになったります。結婚して家庭をもてば、夫や妻、子どもに依存する方もいるでしょう。もしかすると自分の所属している組織の名前や肩書き、地位に依存している方もいるかもしれません。そういう方は退職なさったとき、自分がいかに肩書きに依存していたのかを思い知ることになります。

○○会社の社長も部長も、退職して肩書きがなくなればただの人になります。退職してただの人に戻ったとき、どれだけの人間があなたの周りに残ってくれるでしょうか。

蜘蛛の子を散らすように誰もいなくなってしまったなら、今まで自分はそういう生き方をしてきたのだと気づくことになります。それでは寂しい余生になるでしょう。

最近では親子関係で悩んでいる方もたくさんおられます。いくつになっても親離れ、子離れができないでいることが問題なのです。いくつになろうが子どもは子どもだし、親は親です。しかし、それなりの年齢になれば、親子であっても一人の人間として付き合っていかなければなりません。

親だから、「子どもはいくつになっても自分の支配下に置いておきたい」なんて思っても、そういうわけにはいきません。逆に子どもがいつまでも親に依存していては、四〇歳、五〇歳、六〇歳の子どもができあがってしまいます。

誰かに依存しながら生きていたのでは、自らの人生を自らが生きているとは言えません。友人でも家族でも親子でも、一人ひとり違う人生を生き、それぞれが独立した存在になってはじめてよい関係をつくり、維持することができるんです。

人間はだれしも不完全な生き物です。だからこそ、お互いに支え合いながら生きていかなければならないんです。

支え合うためには、それぞれが独立した人間でなければなりません。一方が、もう一方に依存する関係では「支え合っている」とは言わないんです。

一人の人間として、自らを灯明として歩んでいけるように、日々努力、精進することが大切です。そのためにも、自分の中にある〝仏になるための種〟をしっかりと磨き続けることが求められます。

自分を灯明として生きていくのはなかなか難しいことです。それがちゃんとできるまでは、仏様の教えをまずは拠り所として生きていけばよいのだと思います。

第五章

〝人生百年時代〟を生きる禅の知恵

わからないことを心配しない

お坊さんをやってますと、いろんなところでいろんな方から「運命とか宿命というのは本当にあるんですか？」と尋ねられることがあります。実のところ、私にはわかりません。世の中のあらゆる出来事は、たくさんの直接的原因と間接的原因が複雑に絡まり合った結果だからです。

善い行いをすれば必ず善い結果が出て、悪い行いをすれば必ず悪い結果が出るというわけじゃないんです。善い行いをしても望ましい結果が出るとは限りませんし、その反対に、悪い行いをしても望ましい結果が出ることだってあります。

仏教の根本の教えに、「縁《よ》って起こる」、すなわち「縁起」というものがあります。

あらゆる結果には、原因がある、ということです。「縁って起こる」というのは、因果律のことです。

その原因には二つあって、一つは直接的原因で、もう一つは間接的原因です。

直接的原因というのは、目に見えるような形の原因です。たとえば、ある人が別の人を叩いた。そうしたら痛かった。なぜ痛いのかといえば、叩かれたから。

間接的な原因とは何かといえば、その人はなぜ叩いたのだろう、ということです。もしかしたら二人は喧嘩をしていたのかもしれない。では、なぜ喧嘩をしていたのでしょうか。意地悪をされたからでしょうか。じゃ、なぜ意地悪をしたのでしょうか……。

原因をさかのぼっていけば、いろいろなことが見えてきますが、一方で、私たち人間にはわからない原因が絡み合いながら物事が起こっていくのです。こうした、人間には推し量ることができない原因のことを、間接的原因と言います。その間接的原因こそ、仏様の導きだったりするのではないかと思います。

今、ここに自分が存在している奇跡というのは、仏様の導きによるものです。

自分の何代か前の祖先が、なぜ欠けることがなかったのか。それは仏様の何かしらの力、御縁なのだろうと思います。これは人間の知恵のおよばないところ、間接的な原因によるものです。般若の智慧、仏様の智慧です。縁起というものは、言ってみれば、ブラックボックスのようなもので、わかりようがないんです。

「これが仏様の導きである」と言うのなら、そうかもしれない。「これが宿命で、こうなる運命なのだ」と言うのなら、そういう言葉になるのかもしれません。人間には、わからないのです。

「わからない」ことに対して思いをめぐらせても、それはなんの意味もありません。だからいつも、こういう質問をされると「私のような未熟もんの坊さんにはわからへんから、もっとえらいお坊さんに聞いたほうがええよ」と言って逃げてます。

運命、宿命というものは人智を超えた世界です。いくら考えても答えなどありません。そのようなわからないことに対して過剰に心配するよりも、今をただ、懸命に生きることに力を注げばよいのです。

死後の世界はあるか

「死んだらどうなるんですか」という質問もよく受けます。これも正直、私にはわかりません。

お寺では、たまにお葬式を頼まれます。檀家さんが少ないので、三〜四年に一回くらい、忘れたころに頼まれます。

お葬式をすると逮夜《たいや》参《まい》りと言って、七日ごとに亡くなられた檀家さんの家にお参りに行きます。お通夜のときと七日ごとのお参りのときに簡単な法話をして、逮夜参りの意味や、三途の川のお話を一応いたします。その逮夜参りも七七日《なななのか》の四十九日で終わりです。いわゆる忌明《きあけ》ですね。

仏教では、亡くなった方はあの世で、閻魔大王さんをはじめとする裁判官から、生前どんなことをしてきたか、七日ごとに裁きを受けることになっています。最後の裁きは四十九日に行われるそうです。

「一応」とか「行われるそうです」という曖昧な言い方をするのは、私が実際に見たわけでもないですし、本当に閻魔様がいて裁かれるのかもわからないから、どうしても曖昧な言い方になっちゃうんです。

お釈迦様は死後を語らず

昔、お釈迦様の弟子の一人が「死んだらどうなるのでしょうか」と尋ねました。でも、お釈迦様は何もお答えにならなかったそうです。なぜお答えにならなかったのでしょうか。それは、形而上学的な質問に対していくら考えを巡らしても意味がない。それよりも、只今を懸命に生きることのほうがはるかに重要だと考えられたからでしょう。

死後の世界があるのかないのか。霊魂というものがあるのかないのか。

極楽はどんなところなのか。地獄は昔から描かれているような針の山があったり、大きな釜で煮られてしまうようなところなのか。

私にはわかりません。じゃ、一体なんのために葬式や七日七日の逮夜参りをするのかと言えば、残された方々の心の整理をするための時間なんだと思います。区切りをつけて、前に進むためのきっかけをつくる儀式だと思うんです。

死後の世界があるのかないのか、私にはわかりません。でも、「ある」と思うことによって今の生活が充実し、ご先祖様への感謝の気持ちをもつことで自分を戒め、只今を懸命に生きられるのならば、死後の世界はあってもよいでしょう。

逆に、死後の世界に気を取られて今の生活がおろそかになるのであれば、死後の世界はなくてもよいでしょう。

今生きている人間がいただいた命を大切にして過ごすために、葬式や逮夜参り、彼岸の法要、盆、施餓鬼《せがき》(※)の法要が必要なのだと思います。

※地獄で飢え苦しむ生類《しょうるい》や、有縁無縁仏の霊に飲食物を供え、お経をあげて供養する法会のこと。

その年齢で、できることをする

禅宗の言葉に、「一日なさざれば、一日食らわず」というのがあります。「働かざる者、食うべからず」ではないですよ。この言葉は、百丈懐海《ひゃくじょうえかい》さんという有名な和尚さんがおっしゃった言葉です。

禅宗では作務《さむ》といって、毎日、修行の一環としての労働があります。この百丈懐海さんは、からだを動かすこと、労働ということを重視なさっていたようで、かなり高齢になられてからも、毎日毎日、お庭の掃除や農作業をなさっていたそうです。

夏の暑い日も、冬の雪の日も、一日も欠かしません。それを若いお弟子さんたちが心配して、もうご高齢なのですから、庭の掃除などはやめてください、このように申し上げました。

それでも、百丈懐海さんはお掃除をやめません。仕方がないので、お弟子さんたちは相談して、お掃除の道具を隠してしまいました。どこを探しても箒《ほうき》が見つからないので、懐海和尚さんは部屋に閉じこもってしまいます。そして、その日から食事をとらなくなってしまったのです。

弟子たちは困り果てて、どうか食事をとってくださいと申し上げると、和尚さんは「一日なさざれば、一日食らわず」と一喝されました。つまり、「一日働かなければ、一日食べない」ということです。

若い子たちが心配しているのに、まぁ、普通に考えれば非常に厄介なおじいちゃんです。けれど、この話は、人間にとって働くということは、「自分を自分でいさせてくれること」であると教えてくれているのです。

なんのために働くのか

「なんのために働くのか？」と聞かれれば、「お金のため」「生活のため」と答える方は多いでしょう。特に、若いうちはそうだと思います。働くことが目的ではなく、お金のほうが主眼になっている。そうなると、なるべく働かず、ラクをして儲けたい、という発想になっていきます。

でも、働くということは、労働を通して、社会の一員として社会にかかわっていくということです。自分が自分でいられるための方法を、労働を通して教えてもらっているのです。

とはいえ、八〇歳になっても、九〇歳になっても、五〇代や六〇代と同じ仕事ができるかといえば、これは残念ながら無理です。体力的にも、頭の回転も、どうしたって衰えてきます。

よく八〇歳や九〇歳になられても、ご自分が興した会社だからと、いつまでも社長さんをやっていらっしゃる方がいますけど、いつまでも第一線で働くというのは、やはり無理があります。でも、なかなかそれに気づかないのです。

老いというのは、自分でも気づかないくらいゆっくりとしたスピードで進んでいきます。それゆえ、自分では若いときのままのつもりでいて、昔と同じようにできていると思っていらっしゃるんです。

人間、その年齢によってできることと、できないことがあります。たとえば二〇歳そこそこの若者に総理大臣が務まるかといえば、それは無理です。どうしたって経験が不足しています。

では、八〇歳の方に長距離トラックの運転手ができるかといえば、これは怖いものがあります。現実に、高齢ドライバーの方による自動車事故が増えています。

その年代によってできることと、できないことがある。これをきちんとわきまえておくことは、とても大事なのではないかと思います。

人生は山登りのようなもの

京都に愛宕山《あたごやま》という山があります。京都市内では一番高い山で、標高は九二四メートル。山頂には愛宕神社があり、火伏せの神様として京都では昔から信仰を集めています。お寺の庫裏《くり》にも、愛宕神社の火伏せの御札が祀ってあります。

私は年に一度、火伏せの御札を受けに、愛宕神社に登ります。だいたい登りに二時間。山頂で少し休憩して、下りに一時間半ほど。合計で四時間ほどですが、頂上にいるのはいつも二〇分くらいでしょうか。山登りの経験がある方はわかっておられるでしょうが、登りよりも下りのほうが危ないんですね。

もちろん登りは疲れますが、まだまだ体力もあり元気です。頑張って頂上に着くと、達成感のためか気持ちがよいもんです。

愛宕神社にお参りして御札を受けて、少し休憩してから山を下りるんですが、下りは足を踏ん張らないと、滑ってこけてしまいます。しかも、登りよりもスピードが出ますから、こけると大怪我をしてしまいます。

登りよりも下りのほうが、実は体力も気力も使うんじゃないかと思います。

下りのほうが危険

人生はよく山登りにたとえられます。まさにその通りだと私も思います。どんな高さの山を登るのか、比較的登りやすい山なのか、それとも険しい山なのか、それは人によって違います。

人生と山登りが違うところは、どんな山を登るのか、自分でもわかっていないということです。実際に登ってみてはじめてわかるのが人生の山でしょう。

「おぎゃっ」とこの世に生まれ落ちた瞬間から山登りが始まります。そして、ある時期に頂上に達します。登れば今度は下りが待っています。

先ほども言いましたが、登りよりも下りのほうが危険なんです。登るときにすでに体力と気力を使って疲れていますから、下りは足を踏ん張って、滑ってこけないように注意しないといけません。慎重に下りないと大怪我をすることになります。

では、人生の下りはいくつぐらいから始まるのでしょう。多くの方が定年を迎える六五歳からでしょうか。それとも、赤ちゃん返りと言われる還暦を迎えるころからでしょうか。

世界保健機構では六五歳から前期高齢者、七五歳から後期高齢者と呼んでいます。以前は八五歳から末期高齢者という記述がありましたが、今はなくなっているようですね。末期高齢者なんて、なかなかな勇気のあるネーミングをするなぁと思ったもんですが。

いずれにせよ、六五歳くらいからが高齢者と言われるようですから、山の下りもそのあたりからでしょうか。六〇歳を超えたくらいから、そろそろ下りのことを考えないといけないのでしょう。

以前、高齢者の皆様に向けて「高齢化社会について」という題で講演をさせていただいたことがあります。ちょうど私が四〇歳になった年でした。お坊さんはなぜか長生きの方が多いので、四〇、五〇は鼻たれ小僧。六〇になってようやく少しものが言える。七〇、八〇になって一人前なんて言われたりします。

四〇歳そこそこの鼻たれ小僧の坊さんが人生の諸先輩方に向かって何か言えることがあるかといえば、本当のところ何もありません。せっかく皆様の前でお話する機会をいただいたので、何か役に立つような話はできないものかと、ない頭を振り絞ったんですが、なかなかうまい具合にいかんもんです。

自分の年齢を受け入れる

高齢者というと、介護や孤独死、認知症、わがままといったイメージをもつ方も多いのではないでしょうか。

最近では、高齢ドライバーの事故や高速道路の逆走などが、毎日のようにニュースで流れています。中には、高齢者がキレて人を殺したという、何ともやりきれない記事も目にします。老害という嫌な言葉までも出てきました。どうもここ数年で、高齢者に対するイメージがずいぶん悪くなってきたような気がします。

私が幼いころのおじいちゃんおばあちゃんは、いつもニコニコしていて、優しくて、謙虚で、物知りで……と、プラスのイメージがほとんどでした。

ただ、よく考えてみれば、その時代の平均寿命は男女とも七五歳前後でしたし、八〇歳といえばものすごくお年寄りだった気がします。しかも、幼いころでしたから、高齢者の方と、直接、密接なかかわりがあったわけではありません。それで、どうしてもお年寄りの良い部分だけが見えていたのかもしれません。

今から二〇〇年前に仙厓和尚様が書かれた「老人六歌仙」という詩句があるんですが、そこにはお年寄りについて、次のように書かれています。

一　しわがよる、ほくろができる、腰まがる、頭ははげる、ひげ白くなる。
二　手は振れる、足はよろつく、歯は抜ける、耳は聞こえず、目はうとくなる。
三　身に添うは、頭巾、襟巻、杖、眼鏡、たんぽ、温石《おんじゃく》、しびん、孫の手。
四　聞きたがる、死にとむながる、寂しがる、心はまがる、欲ふかくなる。
五　くどくなる、気短になる、ぐちになる、出しゃばりたがる、世話やきたがる。

六 またしても、同じはなしに子を誉める、達者自慢に人は嫌がる。

二〇〇年ほど前に書かれたものですが、なかなか厳しいことを残しておられます。でも、いかがでしょうか？ ご年配の方で、「自分もいくつか当てはまるものがあるぞ」と思われた方もいらっしゃるのではないでしょうか。そういう方は安心してください。ご自身を冷静に見つめることができています。自分で自覚していれば気をつけようと思えるはずです。

しかし、老いは自分でも気づかないくらい、ゆっくりとしたスピードで進んでいくんです。急に何かができなくなれば「あれ、おかしいぞ」と気づきます。

皆様もご存じの「子ども叱るな来た道だもの 年寄り笑うな行く道だもの」という格言があります。私もそろそろ五〇歳の壁が見えてきました。四〇歳ころから老眼が始まり、ここ数年は四十肩五十肩で腕が上がらなくなって、痛みで目が覚めてしまうようになりました。ついさっき言ったことも覚えていないということが増えてきています。もしかするとこれは老化ではなく別の病気かも……。

ご年配の方は、いつまでも元気で活躍したいと願っていらっしゃると思います。それはそれでよいことではありますが、体力も頭の回転も、どうしたって若いころとは違ってきます。それを若いころと同じ気持ちでやってしまうと、ケガをしたり、骨折したりします。「おじいちゃん、若く見えますね」とよく言いますが、これは「お歳の割に」という条件つきです。それを、「自分は若いんだ」と思い込んでしまわれると、大変なことになります。

「老い」を受け入れるのは難しいのだと思います。受け入れたくないから、いつまでも「元気でいきいき」ということに、こだわってしまうのではないでしょうか。

歳をとることに逆らっても、絶対に勝てません。勝てない勝負はせずに、受け入れて楽しんでしまえばいい。アンチエイジングをして、見た目だけ若くなっても、なんの意味もありません。そうではなく、歳をとったからこそわかることがあると思います。それを上手にやっていっていただきたいと思います。

年寄三昧をする

三昧《ざんまい》という言葉がありますが、これはもともと仏教の言葉です。意味は、「置かれた場所で味わい尽くす」ということです。ですから、歳をとれば「年寄三昧」をなさっていただきたいのです。

六〇歳の方は二〇歳のような生活はできません。六〇歳の方は六〇歳の生活を十二分に楽しまれたらいいのです。七〇歳の方も、八〇歳の方も、その年齢の生活を楽しまれればよいのではないかと思います。

「何ができなくなったのか」と考えるのではなくて、「今だからこそ、何ができるようになったのか」、それを考えられるとよいのではないでしょうか。

若いころのようには走れません。けれど、ゆっくり歩くことはできます。若い方は、ゆっくり歩こうと思っても、意外にできないのです。体も心も早く歩くことに慣れているので、走ることはできるけれど、ゆっくり歩くことはなかなかできない。

走っていると見えないものがあります。けれど、ゆっくり歩くと、たくさんのものが見えてきます。若い方は頭の回転が速くて答をすぐに出してしまうかもしれないけれど、お歳を召した方は、ゆっくり時間をかけて考えることができます。しかも、長年の経験から、「生きる知恵」というものをおもちです。人生経験というのは、何物にも代えられない財産です。

山は必ず下らなければなりません。そのときに、どのように降りていくのか、それを若い世代に見せることが、ご高齢の方たちの一つの仕事だと思います。その方それぞれに、できる仕事で生きがいを感じながら生きていく――。

その年齢にならないとやれないお仕事です。

こういうおじいちゃんになりたいな、こういうおばあちゃんになりたいな……そうした上手な山の下り方を見せてくださる方が、もっと増えてくれればいいなと願っています。世の中全体が「歳をとるのも悪くはない」ということになっていけばと思います。

人間は、経験したことは伝えられますが、経験していないことは伝えられません。ご年配の方は、ご自身が経験なさったこと、今経験なさっていることを若い世代に教えていただきたいと思います。

上手な坂の下り方

私の知り合いに、九〇歳を超えたおじいちゃんがおられました。ご夫婦二人で暮らされていたんですが、おじいちゃんが七〇歳のころ、奥様が先立たれました。

おじいちゃんはその後、お子さんの家族と同居をされ、食事だけはご家族と一緒に召し上がっていたそうです。それ以外のことは、何でも自分でなさってました。

よく言われることですが、奥さんに先立たれたおじいちゃんは、その後、奥さんを追うように亡くなられるお方が多いんですね。でも、ご主人に先立たれたおばあちゃんは、長生きをなさって元気でイキイキと生活されるお方が多いんですね。これは、なんでなんでしょうかね？

このおじいちゃんの場合も、「おばあちゃんが亡くなったから、今は元気やけどここ二、三年でお迎えが来るかもよ」なんて言われていたそうですが、おばあちゃんが亡くなってから二〇年近くお元気でいらっしゃいました。

身の回りのことは自分で

もともとご夫婦は非常に仲が良かったのですが、奥様が亡くなってからというもの、おじいちゃんは、雨の日も雪の日も、毎日お墓参りに行かれたそうです。お墓に行って三〇分くらい墓前で奥様とお話をして、帰り道に必要なものを買ったり、美味しそうなケーキを家族に買って帰ったり、そんなことを日課になさっていたそうです。

お墓までは片道七～八キロあったそうですが、七五歳くらいまでは車で行かれていました。家族からそろそろ運転は危ないと言われて、七五歳の誕生日に免許をお返しになられました。その後は自転車で行くようになり、八五歳のときに、お孫さんが電気自転車をプレゼントなさったそうです。それからは電気自転車で通っていらっしゃいました。

この方は二年ほど前に亡くなられましたが、九一、九二歳になるまで、毎日毎日、七～八キロも離れたお墓に行かれていました。

九〇歳を超えてからミシンの使い方を覚えられて、自分の身の回りのことは自分でやるという意識でいらっしゃいました。耳だけは遠くなっていましたが、出されたお食事に文句などは一切言わず、何事にも「おおきに、おおきに」とおっしゃるのが口ぐせでした。


同じ九〇歳でもいろいろな方がいらっしゃいますが、こういう九〇歳の方を見ると自然と頭が下がります。ご自身は何も特別なことをしているわけではないのです。自分の仕事として、毎日お墓に行って、帰りに買い物をして、自分の身の回りのことは、できるだけ自分でやる。それをただただ実践していらっしゃる。

歳をとられても謙虚さを失わず、ひたむきに生きる姿というものを、若い世代に見せてくれている。そうやって、一つの生き方を示してくださっていたんですね。

いくつになっても普請中

最近はあまり耳にしないかもしれませんが、建物を建築することを「普請《ふしん》」と言います。もともとは、「お寺の作務を、普《あまね》く多くの方々に手伝っていただくことを請う」ことから来ているそうです。「普請」が「建築する」という意味ですから、「普請中」というのは「建築中」っていうことになりますね。

私が中学生のころでしたか、知り合いのお寺で本堂の建て替えがありました。お寺の本堂を新しく建てるのを見られる機会はあまりないので、興味深く拝見しました。

そのとき、そのお寺の住職さんが「立派な建物をつくるときは、瓦を二、三枚ひっくり返して、わざと完成させへんにゃで。完成したら、後は朽ちていくだけやろ。だから、瓦を二、三枚めくっといて、いつまでも未完成にしとくんや。これを『普請中』って言うんやけどな。まぁ、うちの本堂はそんなに立派やないから、完成させるけどな」と笑っておられました。

一生学び続ける

日光の東照宮にある陽明門には、実際に「逆柱《さかさばしら》」と言って、わざと逆さまにした柱があるそうです。また御所の内裏《だいり》もわざと完成させない工夫がしてあるとお聞きしたことがあります。どちらの建物も非常に素晴らしい建築ですが、なぜわざと完成させないかといえば、一つには、あまり立派なものを建てると神様が嫉妬するという説がありますし、一つには、先ほどの話のように、未完成にして朽ち果てることを予防するんだという説もあるようです。

昔の方はなかなか面白いことを考えるもんだと感心させられますが、人も同じなんでしょうね。

「もうこれで十分やりつくした。これ以上学ぶべきものはない」と思えば、その人の成長は止まります。でも、いくつになってもまだまだ未熟者だと思えば、つねに成長していけるんだと思います。

いくつになっても自分自身に納得せず、つねに学び続ける姿勢をもっていれば、年齢に関係なく、いつまでも若くいられるのではないでしょうか。その反対に現状に安住すれば、老いは早く訪れます。

何事もその道を究めるというのは容易なことではありませんが、自分で限界をつくらず、学び続ける姿勢が、イキイキとした生活につながり、自然と謙虚な姿勢にもなります。

もう十分だと思えば保身に走り、傲慢になります。いくつになっても普請中でいたいものですね。

第五章

“人生百年時代”を生きる禅の知恵

おわりに

月日が経つのは早いもので、私が天龍寺専門道場で修行をさせていただいてから二〇年以上が経ちました。当時はバブルが崩壊して経済も停滞し、就職氷河期の真っただ中でした。そのときに生まれた方々が今ちょうど成人される年です。

あのころと今では、社会も大きく変わりました。二〇年前はスマートフォンもなく、インターネットも今のように便利ではありませんでした。皆さんの生活も、この二〇年でずいぶん変化したのではないでしょうか。

しかし、仏教の教えの根本的なところは二千数百年以上経過しても変わることはありません。お釈迦様が悟りを開き、はじめて法を説かれた時代と、現代を生きる私たちの悩みはほとんど変わってはいないのです。時代が進み、科学技術や医療が発達しても、私たち人間は悩みながら、苦しみながらも生きていかねばなりません。

未熟な一愚僧が仏法を説くにはまだまだ至らないところはたくさんあります。もう少し私が歳を重ね、もう少し修行が進めば、仏法本来の深みのあることがお伝えできるようになるかもしれませんが、今のところこれが精一杯かと思います。

この本を手に取ってくださった方がほんの少しでも心穏やかになっていただければと思っております。

百花軒にて

華厳寺住職 曹厳 拝

●著者略歴
桂　紹寿（かつら　しょうじゅ）
1971年1月1日生まれ。北海道大学大学院文学部東洋哲学修士課程修了。1998年天龍寺専門道場暫下。1998年に華厳寺副住職となる。2014年10月より華厳寺住職に就任。寺での軽妙洒脱なお話が人気を博している。講演や執筆活動など幅広く活躍中。著書に『てくてく地蔵のしあわせ問答』（PHP）がある。

鈴虫寺（華厳寺）公式HP　http://www.suzutera.or.jp/

柔らかな心　つらいときほど、笑顔で

2019年3月16日　　第1刷発行
2020年3月1日　　第2刷発行

著　者　　桂　紹寿（かつら　しょうじゅ）
発行者　　唐津　隆
発行所　　株式会社ビジネス社
〒162-0805 東京都新宿区矢来町114番地
神楽坂高橋ビル5階
電話 03(5227)1602　FAX 03(5227)1603
http://www.business-sha.co.jp

カバー印刷・本文印刷・製本/半七写真印刷工業株式会社
〈カバーデザイン〉藤田美咲　〈挿画・本文イラスト〉廣江まさみ
〈本文DTP〉茂呂田剛（エムアンドケイ）
〈編集担当〉山浦秀紀　〈営業担当〉山口健志

ISBN978-4-8284-2082-0